Wolfram Frank, *LYSIS*

Wolfram Frank
LYSIS

konkursbuch
Verlag Claudia Gehrke

INHALT

I Lyrik
33 Gedichte S. 9

II Essays
I Notiz zu Grünewalds „Isenheimer Altar" S. 62
II Notat der Schwermut   S.65
III Notat zur Geschichte   S. 77
IV Das Haus ohne Worte   S. 101
V Der Fluch im Preisbuch   S. 125
VI Ein Lächeln schmückt meinem Volk das Gesicht
    Mnemosyne für Serbien und Marko Ruzicic   S. 135
VII Miszellen der Porno-Graphia   S. 145
VIII Notate   S. 212

III Supplemente
I Brief an Carlo Portner, Präsident der kantonalen
  Kulturkommission Graubünden   S. 260
II Theologische Labyrinthe – Brief an Dr. Kirchschläger
   Bistum Chur   S. 264
III Brief an Siegfried Friedrich   S. 267
IV Brief an Giovanni Netzer   S. 269
V Brief an die Südostschweiz, betr. Abstimmung
   5. Verschärfung des Asylgesetzes, 09.06.2013   S. 272

Fragment eines Nach-Rufs an den Vater   S. 277

I

Lyrik

33 Gedichte

I

EPIPHANIAS

stell die wortspindel
in den schrank
   – du

runenfresser
zungenbeschneider
ad-verbieter
prä-dikant
judas-staben-küsser
entsagter entsager

wortangler im wortgewinsel
zerhäuselter landschaften
oder den kreideklippen von dover

lears hütte aber steht jetzt in den wortgruben des
abendlandes
schorfränder aus an-sichts-sachen
dem ‚geschmack' des königsbergers
von wort-kraken verbabelt

nur der tod vermag noch zu singen
VOX CLAMANS

zwischen den staben des kreuzes
zittert
die welt –

II

das entleerte blatt vor dir
der entstirnte himmel in dir
noch vierzig jahre bis kannan
im
zeitherd

der
 anders
    – heit

III

geborgen unter den verzehrten –
toten
nur dort ist licht

blendung:
        von angesicht zu angesicht –

in großer urne

sammelt sich die menschheit –

IV

INVOCAVIT

– von delphischen fischen
beäugt
kreisförmig
verbabelte
schichtung um schichtung

drüber kreisende adler
aus kronos schlangensaat
schlund der fangarme lianen
vom UN-UR-grund her:
lilien der tiefe
antonius besungen
dem knöpfe-räderspeichenzähler

„so lebte er hin"

JAKOB! JAKOB!

wo ist die himmelsleiter?
    – gib sie wieder her!

V

wieder steht die nacht kurz vor den wäldern
wieder blinzeln die einverstandenen sich zu
im schlund der gravitation
fluchtwinkel der auto-immunen

      u r b i   e t   o r b i
wieder der schrei des polyphem nach NIEMAND
–

wieder beschlafen die töchter lots ihren vater
erneut hat lohengrin brabant verlassen

an den ufern
der res cogitans-extensa
predigt nun cartesius
dem strom
von pascals
herz-nacht

letzte glühbirnen
im baum der erkenntnis
wortkraken
im ver-kahlten baum des lebens

die blaue blume
zer-west
im museum

hegels weltgeist reitet nun auf rosinante
vorbei am kremligen weißhaus nach peking
wieder errichtet minos ein labyrinth für parsiphaes
lustschreie

wieder zerreißt amalia den brief
erneut wird olga von den ROSS-knechten gestoßen
penelope aber ist nicht mehr in ithaka
(ich weiß
es heißt jetzt ütoya)

bürgel schläft weiter im schloss –

d i e   s o n n e   a b e r   i s t
                immer-noch
                        s o   g r o ß   w i e   s i e u n s
e r s c h e i n t - - -

VI

in den krügen der schenke
dein kleines maas

verwahrt im harren
entleerter
gegnet

der
aus –
gesagten

– iss vom sakrament der staben
  – fünf wunder
    – fünf wunden

JEDER TON
sticht einen stern in den himmel
da bist auch du –
trink mit donizetti aus
sigismondos faust-phiole!

lass dein stückstuckwerk
entschöpfter

PHARISEUS –

VII

die SILBEN haben das
buch versiegelt
die STABEN
die lippen jener
im haus ohne WORTE

nature morte --
blühender messer
im KRUG des vergessens

„LAZARUS, veni foras!!!"

VIII

REMINISCERE

noch immer blendet mich dein leib

ich trank das licht deines körpers
das fleisch deines marks

dein hals dein nacken
so nahe so fern
war ich maßlos
war es dies?

der mond trägt
sein licht zu mir
es ist auch das deine
nur bei cassiopeia sah ich dich auf dem großen wagen
in der luke der nacht hamlets
dein licht-spalt

senkblei deiner augen
        sie öffnen meinen leib
                – wie dianas hunde

noch immer
die linien deiner füße
in der glut
der niedergebrannten hütte des amos

auf dem eckstein aber
grünewalds reh –

IX

beschlafe
deine taube –
die wortwespe
sticht auch sie –
taste weiter -- kolonos ist nah !

im museum
der evolution nichts neues
im fegefeuer aber:
wettbewerbe um die erleuchtung

– wieder stürzt
paulus in damaskus vom pferd

am himmel singen die hunde
auch sie

        warten auf

                gottes

                        ur

                              – teil

der totenstorch
bringt das KIND –
willst du

            den unbefleckten

                        tod ? –

X

in der verinnerung
deiner nichtetwasheit
des lehregewebten turmes
der zer-süchtigung

suche schürfe schlürfe
nach ent –
dürstung

du nacktler –

XI

nage an den staben

enthungre dich den worten

wieder erwachst du in
ahabs lache aus blutsamschleim

dein nachen
verlebigtentniertzerherzt
in ziffern-gewässern
der zeus-kuh europa aus
chronos-s(t)aaten -

LOSlos -

- wir brennenden
wir reichen uns die todesfackeln weiter

unter der milchstraße der Zeit
längstverzehrte monaden leibniz'–
solimans carpentiers –

licht –
gebärend –

XII

OCCULI

im gefolge von davids harfen-tänzen

warten sie

aber nicht auf dich
                         denn
                                du
                                        KIND
scheinst alt

den gebürtigen
und den noch nicht gebürtigen

den verzeitigten und den
                                    ausge-zeitigten –

endlich ist die welt leergewaschen

                                --- wieder

winzelt   winselt   wintert

dein schrei durch die nacht

                            -- in der thron-folge
der krähen

                              – der letzte

XIII

nun kommt die nacht zu dir
kind des abendlandes
elektron aus
atlantis –

    „ohne kneipe!"
- -

ich finde keine sprache mehr

die sprache findet mich nicht mehr

--

    dieser irrlauf vom ersten tag
        dieser zur lüge verwachsene körper

niemand reißt dir den balken aus dem auge
        in den träumen die krallen der kindheit –

nicht ICH entferne mich von der welt

        sie tritt vor mir zurück –

XIV

stolpere nur

auch hermes
              – schwank
                          wankt –

                        te
den krummen weg des turiners

im tiefstrom
die vom zweifel
durchtränkten--genagten--genagelten
blutdurstkleider
der enkel jsaacsjakobsjosephs –

                da bist auch DU –

aber
                        zu deinem fest kommt kein
gast –

–

auf dem platz des himmlischen friedens

schreit

LOTS weib –

XV

er-brechen
des
geburtsschleimes
der bluthaut
deiner vorhaut
schneehaut
flieh, flieh!
Im NU des meeres bei port beau
letzte fuge
deines „bürgleins" –

trinke
meinen samen
den letzten –

mitgift
dieses entköpften jahres

dann lass uns feiern
die II. hochzeit zu kana
in den zerissenen schläuchen
ist noch wein

gieß ihn in die 60 krüge
oder die blutwanne elizabeths in den bergen ungarns --

XVI

LAETARE

knirschen –
stummheit
kreisender murmel

aus atem
stürzender schrei

noahs taube
zahnt das blutende messer

verminte stadt
    wo du auch gehststehstgingst

          sprengfallen blutender

schamlippenblüten –

salzsee
erstarrter wort-staben
erbsenerber
kindeskindskinder des babelschachtes

kein christophorus könnte ihn überqueren
fernnäher als scotts POL

ascheneis
schneeverglüht
im großen mittag
zarathustras

XVII

in arezzo
werden die dämonen ausgetrieben

auch du bist zu guter laune gepflichtet –

der mann vom lande

wartet schon auf dich

                     --- ich aber komme
wie ein dieb
                                in der nacht

–

bis dahin wortreste
semeles
    aus salomes goldener schale

mit dem beil geteilt

den sich-zublinzelnden

HAPPINESS

      urbi et orbi

gläsernes adieu
wohl-gesüßt
zu

        kumpfts
losig

mundlos

    klitoriden-erektil-triefend

aus-
        schmelzend

    in der zielgeraden

des FUN –

XVIII

holzbeiniger
entzeltentwelteter
stanzenjagender häuterich
entbilde dich
entblinde –

‚ausgeäugt' alles
delacroix barke
rudert nun der
jäger gracchus

in der lache der tränen
blutnaht
der lichtnaht –

weggebeinter weinberg
du buchhalter des NICHTS –

antoniusfeuer im
verglimmenden termitenberg
du bist ja nur ein stabe in ihm

bete zur rebe
die sterne häuten sich
im zeitwein

ich aber will sammeln was
h i n k t

ANTONIUS deine trompeten weinen in der nacht!

– der himmel ist blau im burgund

XIX

nun geht der tag unter
die welt
jeden abend geht sie unter
nun besteigst du die arche der nacht
inmitten
ent-
  trunkener
     häuser

im taufbecken
der aschenregen
läuft über –

XX

JUDICA

hast du kristalle gefunden?

ich bitte
leg deine hand auf meine wunde

warum gibst du mir kein stück deines wortes?
—

sie aber werden aus saba alle kommen

nur e i n e stimme
vermag
die welt zu erschaffen

herz

bar

XXI

Welt der zauber-stifte

Unter weimars buchenwald
Jetzt You tube, you porn, free porn, yahoo, gmx
Gurken-gurgel-google
Die schlange ist tot
Im museum der evolution
– jardin de plantes –

Endloser embryo du
Ur-uruk-entzeitigter
Gleich dem flügelschlag der spatzen
die new york und tokyo nicht unterscheiden
ein krumen ist immer ein krumen

dir aber folgt
die schnecke mit dem haus von hiroshima, auschwitz, rom
nur der mann im turm
besingt die mondlingin bei brod und wein

o vezelay, vezelay
warum sind deine lichter so unruhig?
in der nacht schlafen die tauben auf den häuptern deiner
stein-zerschlagenen heiligen

am kreuzweg wartet laios, wie immer
erblinde schon jetzt!
der schatten des sophokles ist bei den schweinen
nur konfuzius bleibt

draußen draußen aber das leben, die feste, die
geschlechtsteile

die weinenden als ob nicht weinende
die frauen habenden als ob nicht frauen habende

geh zu ahabs letzter planke
flieh nach atlantis
oder zu mandelstams armenien

dort wartet noah
auch auf dich
am flügelschlag seiner taube
zerbricht die nacht

XXII

wieder haben wir uns berührt
wie zwei inseln
augenblicke der lippen
dein nicht gesagtes wort
mein nicht gesagtes wort
das nimmer gesagte wort

du schwammst über mich hinweg
so nahmst du mir das licht
die dunkelheit tat wohl

jetzt zerschneiden wir uns
wie deine schenkel den äther zerschneiden
in diesem DA schwebt dein hauch über mir
wie damals über den wassern

etwas erglänzt in mir
wie musstest du schlürfen
wie schnell fällt staub darauf –

XXIII

ent-wechsle das zimmer
geh in den raum nebenan
es gibt keine tür
dies ist
  – die *freyheit*

entsilbelet-e
entstabelet   e

entwortet-babelete
        geg
             – net
der fliegenden worte
        der fliehenden worte

silben-krümel vergrübelt
verrübelzahlt
im sommer 2017
bei scardanal

– wir sind ja das ganze fleisch
   – *der geist ist ein knochen*

auf dem staben-hügel golgathas
eckstein-gebrochen
von verworfenen
       hand granat samen früchten
deines liebes leibes

7. peri-
kope der
schaubrote
im archiv noahs

XXIV

QUASIMODOGENITI

vor mir
ein stück letztes
erstes
wort
aus den sümpfen der geschichte gezogen

wortzeit
der stümpfe eliesers
dem nichtmehrnie

LICHTMEER
der toten Ostrojewces –

XXV

eben der kinderstube entstiegen
die ketten hinter dir schleifend
störst du
    den wirt

„zum ewigen FRIEDEN" --------

aber sieh doch!:
    kleinster
        aller fersenhalter:

immer noch sitzen in emmaus die jünger zu tisch
noch immer bricht der syrer das brod –

noch immer
wurmkrümel
        in deiner hand
ISS SIE!
   sie sind ja von eva
      aus adams rippe
                  er-
                    brochen –

XXVI

es war aber nacht

endliche himmelfahrt
im geschnaube der eloi-morlok
stahl-fahl-faden-gesichert

in deinem
gebirge aus missmut
zorn-schlamm
gegrämte schluchten-

du kindling
engerling
enkerling

nur das haar berenices hält
dich

– schlangen-träger

der weiße fluss
des multiversums
dein ersatzimus

e i n   halm
auf deinem acker

antonius-verzählte-wort-naben-narben

– NUNC STANS

XXVII

NIEMAND
hat ein gepflichtetes auge zu wenig

der könig OEDIPUS
 aber
hat ein aug' zu viel vielleicht

lass deine schwert-leier
in nebelheim
es ist ja nicht NOTUNG

sprich
dein sünden-erkenntnis
„dein negatives sündenbekenntnis"
nicht hab ich bewirkt das leiden der menschen.

zungen-zangerl
satz-aussätziger
vernagle deinen mund
lazarus kann jetzt nicht auferstehn
ohne schlange kein paradies
– stell
die wortspindel
in dornröschens schloss

beim heilgen domenikus
gibt es heute spinat
im reigen seliger geier
von allen guten geistern verlassen

zerschnitten die wirk-lickeit
in die scheiben rashomons
schwemmgut aus pro-nomen
aus zellen gespült
in meere der krankheit

man darf die welt nicht verachten
ach, mein hunger!
man muss die welt verachten

GEDENKE UNS AUS

XXVIII

EXAUDI

deine taumelnde zunge
die sterne häuten sich
in der dreifaltung
deiner schmach

sekundenhunger
der lettern-tilgung
des acephal
am place concorde

so viele alpha-bete
in schrebers belgrader gärten – freud-gesät

wortreben des silen
dein sprach-los

das geknickte rohr wird er nicht zerbrechen ...

wort-brecher
silben-absinthler
im ge-hänge der ueberzegungen
der samen-ausgießung
vogel-händler
phallung

wer hat die welt ausgerufen?
am schlosshang des grafen westwest

endloser kampf der
signifikanten mit den signifikaten
soli-logien
deiner confusiones

verkriech dich in dein grottenhirn
– lehmpille
– holzfisch

via negationis

XXIX

NU
trage die pyramiden ab
rosenzweigs urworte
silbe für silbe
im lachen sisyphos am pont marie
wort-klamm
an friedas bar

hagelfreitag
am westrand
des wortrandes

„es wird ein einziger tag sein die hoffen des lichtes"

die rauchsäule aber folgt dir
bis zum schacht von babel

der boden-
eingesargt
versargt
blüht auf

lese mich
in deinen wort-korb

XXX

im abendrot
kam die müdigkeit
sie legte sich
zu mir
dort blieb sie viele abendrote lang

bis sie mit mir erlosch –

XXXI

– nun bist auch du
wortlos geworden –
wie zerstreute winter-körner
für rotkehlchen
die es nicht mehr gibt –

brosamen vom byzanthinischen triptychon andrej
rubliows
verbum caro factum est

nur der stern ist geblieben
hollywoods-wintergarten! –

aus dem dorfbrunnen steigt jetzt rauch
sein hohelied hüllt dich ein

oh wie dein auge blüht!

XXXII

CANTATE

im abendrot
kam die müdigkeit
sie legte sich
zu mir
dort blieb sie viele abendrote lang
bis sie
mit mir erlosch –

XXXIII

für liun

Du glücklicher
Du glücklichster
Du glücksbringer

du kobold – du rübezahl – du sieben-schreiter – du hagebuttenes
männchen
das alle türen, tore zu öffnen vermag
das jeden flur, gang durchmisst und auf sein sein untersucht
das jede stufe prüft – in ihrem ewigen hinauf-hinunter
das den mittelpunkt der erde erspäht
durch alle gitter-gatter-grüter-un-gründe hindurch
hin zum mittel-scheitel-UN-UR-grund-punkt der erde
(tiefer als jules, der franzose!)
Sie genau ermessend – jedes mal neu!
      Du wassertrinker, brunnen-bacchus
verköstiger von aglaia, thalia, artemis
      im götterring der sprache lebender
ihrer mitte, ihrem schoß –

für mewina

Dein goldenes haupt
Dein trotziges haupt
Dein in die johannis-rosen verflochtenes, verklammertes haar,
deine glücks-rufe
deine entsetzens-schreie
deine geheimnisumzüngelten pirouetten
(über alle listen weißt du bescheid ...)
Dein augenzwinkern, anblinzeln der welt
(wie nietzsche!)
Die du genau durchschaust
(nur nietzsches schnauz hast du nicht – wozu auch?)
Du wirst so viele blüten
In diese von der acedia durchfurchte welt hineintreiben,
dass sie dich nie mehr vergisst!

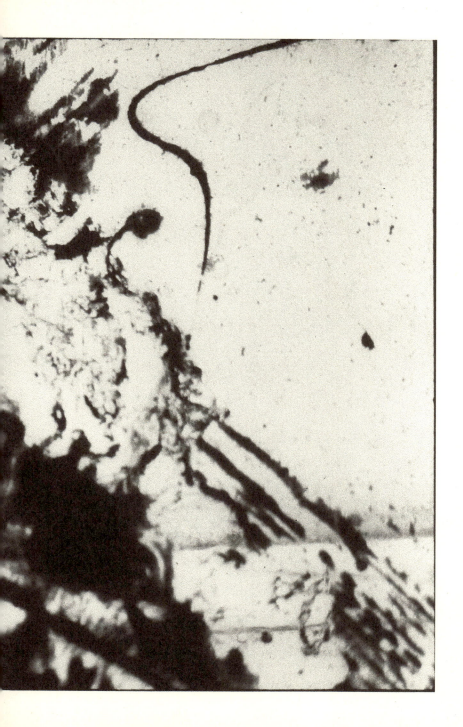

II

Essays

I
NOTIZ ZU GRÜNEWALDS „ISENHEIMER ALTAR"

mittelteil von grünewalds erster schauseite des isenheimer altars ist der gekreuzigte christus; er steht also ikonologisch in einem der zentralen räume, territorien der abendländischen bildgeschichte … dennoch ist diese kreuzigung – wie jedes große bild – unikat, dies sogar in expliziter weise, indem grünewald jeden „realismus" überschreitet, umgeht, im anwesenden abwesend macht und im abwesenden anwesend … die rechte bildseite wird von johannes dem täufer dominiert, zu seinen füßen ein kreuztragendes lamm, hinter ihm felsen, die möglicherweise die ufer des jordan meinen; nirgends ein golgatha, kein hügel weit und breit, kein jerusalem in der ferne, keine schächer …
es ist nacht, nur auf die fünf figuren (neben den genannten maria, maria magdalena und johannes, der jünger) fällt licht aus einer geheimnisvollen quelle …
die nacht ist zugleich mit dem gekreuzigten das entscheidende signum und element des bildes: es ist eine endlose nacht, die keinen tag, weder einen gewesenen noch einen kommenden ahnen lässt, nichts außer ihr, die selbst aus einer unendlichkeit kommt und wieder in dieser endet, nacht nicht nur der geschichte, nacht des SEINS, identität von himmel und erde, nacht von raum und zeit – es ist nicht möglich, eine anderes geschehen – eine vor- oder nachgeschichte dieses augenblickes, dieser ewigkeit zu denken …
es ist unmöglich sich eine andere nacht vorzustellen oder etwas anderes als dieses nacht.

das bild ist trotz der beiden rotgemantelten johannesse, der in ein rein-weißes, sich in einem ebensolchen rein-weißen schleier fortsetzenden kleid gehüllten maria und der in ein

orangenes gewand gekleideten maria magdalena (aber im grunde ist es unmöglich, die farbe zu nennen …) ganz von der bis auf das lendentuch nackten, jedoch eher in verhaltenen erdfarben „grundierten" christusfigur dominiert.
es ist wohl der geschundenste, gepeinigste, germartertste leib der ganzen kreuzigungs-ikonographie-geschichte (vgl. etwa giovanni bellini, mantegna, el greco, die gegenteilig wie unzählige andere den leib christi im thomistischen „glorienschein" malen), jede rippe christi, jeder knochen treten, ragen bei grünewald eigens hervor, die fünf finger der an kreuzesholz genagelten hände ragen wie winterlich-tot-wesende baumspitzen einzeln und einsam in die unendlichkeit und undurchdringbarkeit der nacht.
– aber gerade so, in seiner zerrissenheit, zerstörung, armut, ausgemergeltheit scheint grünewalds christusleib der wahre körper, corpus, erfülltes sein zum tode – wahre bestimmung des leibes … und gerade so tritt LICHT aus ihm
– als einzig „wirk-liche" lichtquelle des bildes –
zugleich erscheint so der nackte körper ECCE HOMO
– als endlich wahrer mensch und von ungleich größerer präsenz als die bekleideten, den toten begleitenden trauernden heiligen.
zur – tatsächlichen, endlichen – würde gelangt der körper
– das ist der mensch – durch seine peinigung, seine verzehrung, verschwendung, aufgabe, hingabe
– tatsächlich also leuchtet dieser körper, leuchtet auch sein lendentuch
– ist selbst lichtkörper, lichtgewordenes „fleisch", fleisch, das aufgrund seiner marterung alles fleischliche verloren hat, in sein eigenstes sein
– licht – gelangt ist: auf diese weise verherrlichung, herrlichkeit des körpers, jedes körpers, seiner wahren potentialität, einwohnung (schecina) ist, die jedoch von der seit den zeiten des appelles traditionellen – und seit platons

diotima philosophisch beschworenen – schönheit, niemals erreicht wird – im ver-wesen ist dieser körper wesend, so erst an-wesend und das andere – das unkörperliche licht freigebend –
die nacht, die ewige und das licht des körpers – das ewige, sind so untrennbar …
nur weil die welt das SEIN nacht, dunkelheit ist, gibt es licht – der körper ist wunde, eine landschaft der qual, doch nur aus der wunde vermag etwas, das licht, zu treten. so ist der leib das erste licht … das, was eines tages aus der dunkelheit heraustrat, war dieses licht, das zugleich über das kreuz die vier ecken des seins erreicht und errichtet … auf diesem bild ist die welt einzig dies – dieser gekreuzigte, gepeinigte, verschwendete körper – nur so vermag, in der verschwendung, WELT zu entstehen, zu sein – dies ist die ökonomie grünewalds, oeko-nomie des seins … „gesetz der wohnstatt" in dieser, einer einzigen szene …
Ecce homo – erst der gepeinigte leib ist leib – er kommt vom tode her, nur so lebt er, *ist* er –

II
NOTAT DER SCHWERMUT

das leben eines depressiven besteht aus dem auflesen von brosamen

er blickt auf das leben zurück wie auf ein untergegangenes land, eine verlorene insel

nur simone weil hat diesen verhärteten, ausgedörrten boden wirklich betreten, lévinas vielleicht von einer anderen seite

die depression ist das erbteil von atlas. alle müdigkeit der welt sammelt sich in ihr

der depressive ist ohne ort. jede landschaft zieht an ihm nur vorbei. jeder ort erweist sich als der falsche, als täuschung.
er war nicht der gemeinte – waren die schlüssel vertauscht worden, die wegweiser verdreht?

jeden tag wird er sich selbst vorgeführt, als gefangener, die beine, füße gefesselt, so dass er nur tapsige, kleine schritte machen kann – oder gar keine

natürlich trägt er eine maske. natürlich kann er nicht anders, aber er kann sie auch nicht so tragen, dass sie ihm passt, dass sie nicht ständig verrutscht, sich verschiebt – er wieder und wieder um ihre anpassung bemüht

seine nichtigkeit ist seine einzige evidenz. sie dehnt, wölbt sich wie ein billiges kleidchen im sommerwind er sucht eine sprache, aber die worte sind vor ihm zurückgewichen wie scheue tiere, die aber noch über den instinkt des lebens verfügen

darfst du überhaupt von dir sprechen? willst du? aus welchem wahnsinn, welcher wahrheit heraus?

die depression frisst an dir wie an einem wehrlosen, schon toten tier (es gibt ein solches gemälde von rousseau, dem zöllner)

die welt eines depressiven ist verschlossen wie die welt eines tieres (dessen geschlossenheit jedoch mit einer anderen unendlichen offenheit einhergeht), also gegenteilig wie heidegger und andere das wesen des menschen als offen-stehen, ek-statos definierten

der depressive ist wie von zahlreichen unsichtbaren zäunen umgeben, die sich kreisförmig um ihn anordnen

nur den einen moment wird der depressive nie vergessen (jene nacht des 3. dezember zum beispiel …), als das unfassbare geschah, welches ihn dorthin, in die depression schleuderte

dennoch verrechnet er permanent. ständig sucht er die gerechtigkeitswaage auf, die sich gegen ihn geneigt hat. er will es nicht glauben und rechnet

die depression ist wesentlich kein psychischer, sondern ein körperlicher vorgang. sie beruht gerade auf der trennung des körpers von der psyche (darf man noch seele sagen?)

verwundert, wie exotische, einer anderen gattung angehörende wesen, sieht er die normalen

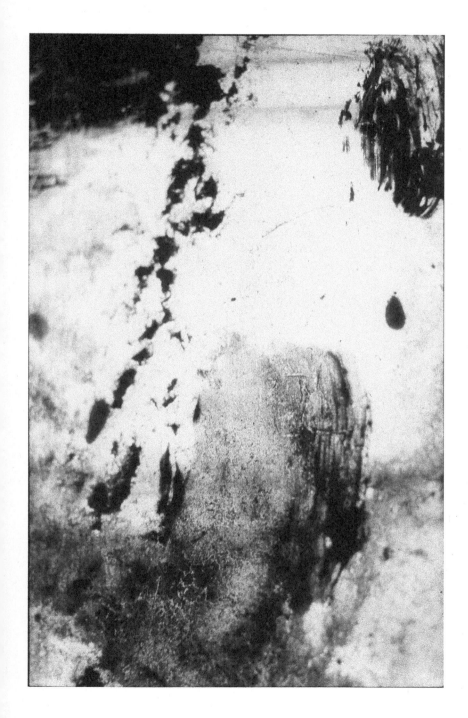

das, was zugleich, von anbeginn mit der depression herauf- und herankommt, ist die einsamkeit. sie breitet sich weiter als der größte ozean um ihn aus; sie macht ihn zu einem winzigen punkt.
sie ist sturm und öde zugleich

wenn der depressive erwacht, ist für ihn keine nacht vergangen. es gibt kein erwachen, keine geburt des tages ...

unter menschen fühlt er sich als aussätziger. er sieht, empfindet all die beulen, wunden, ausschläge. er fürchtet in jedem augenblick, dass auch die um ihn herumsitzenden diese eitrige, unübersehbare, zugleich mehlige substanz entdecken könnten

mit sicherer geste wirft die depression täglich ihre angel nach ihm. sie muss gar nicht werfen. die andeutung der geste genügt

er sieht die welt nur noch von der seite der vergänglichkeit

sein leben focussiert sich auf das einzige, jenes, was in nun schon grauer vorzeit diese depression ausgelöst hat
unter jenem an-denken bleibt er verschüttet wie unter einer unermesslichen gerölllawine.
er gibt wie letzte klopfzeichen unter dem trümmerberg, der über ihm zusammengestürzt ist

was man in ihn einlässt, ist chemie. sie dringt wie eine schlammlawine in ihn

die kindheit kommt zu ihm zurück, kriecht hin zu ihm, wie das kind zur mutter, die es nie gab der depressive schleppt seinen tag wie einen schweren sack hinter sich her, der ihm ständig zwischen die beine schlägt und ihn am gehen, vor allem am vorwärts-gehen hindert, der ihn zu einem endlosen fallen bringt, dem er kriechend zu entkommen sucht

was kafka vom „stehenden sturmlauf" sagte, gilt gerade für den depressiven

natürlich sucht er nach schuld und ursache. aber diese suche ist ebenso unendlich wie vergeblich.
wie laokoons schlangen, die ihn überwuchern, oder schlingpflanzen, die er beständig auszureißen versucht und die ebenso schnell wieder nachwachsen, oder wie prometheus: kaum ist seine leber wieder zusammengewachsen, kommt der adler, um sie aufs neue zu zerreißen

er ist wie mit einem übergroßen messer von sich selbst abgeschnitten worden
auf sein früheres leben schaut er zurück wie auf etwas unglaubwürdiges, merkwürdig flimmerndes, etwa wie auf einem gemälde von seurat oder anderen impressionisten, das sich in tausende von punkten auflöst, von ihnen einmal, konstituiert, gebildet wurde

tatsächlich gelangt er wieder dorthin, von wo er einstmals aufbrach – in die völlige hilflosigkeit des kindes

seinen körper hat er vergessen, er trägt ihn mit sich wie ein schon zerrissenes, nachlässig gebundenes übergroßes paket, das aus billigstem karton ist

er beneidet, bewundert die normalen, die lebenden um ihn herum, jene, die zu lächeln vermögen, die mit lust essen und trinken, deren schritte rasch sind und in ihren schuhen nachklingen, die kellner, die von tisch zu tisch eilen, die speisen, die bier auftragen, jene, die die speisen verzehren, verschlingen, als hätten sie sie eben bei der jagd erbeutet, die bierkrüge in einem zug leeren

natürlich sind es die paare, diese bilder des glücks, diese spiegel des phantasmas, unter die er sich einst selbst gerechnet hatte, die jetzt an ihm ziehen, reißen – nach nirgendwo

im radio geht das programm weiter, die kirchenuhr schlägt

der depressive ist immer ein rekrut in einer feindlichen umgebung. am horizont – und näher – sieht er panzer auffahren

er begegnet nur noch sich selbst

er hört im radio, liest in der zeitung von lauter gelungenen leben

sein ganzes leben erscheint ihm als zerrbild und vielleicht war es nichts, nie anderes. er ist diese vogelscheuche

er sieht sein leben wie auf dem seziertisch, die gliedmaßen schon verkrümmt, gekreuzt, verwest

tatsächlich ist er skelett, ein strauch im winter: alles ist von ihm abgefallen, hat sich gelöst
(aber kann die depression die gestalt des menschen tatsächlich gänzlich zerreißen ...?)

der depressive hat weder gedanken noch gefühle, sondern nur massen unendlichen schlammes, gerölls – gleich einer ewigen wiederkehr, eines beständig sich erhebenden medusenhauptes – die ihn umgeben, sich um ihn herumschieben und drehen

der alkohol betäubt ihn, für augenblicke erscheint es ihm, als schlage er die augen auf, aber zugleich flößt er ihm die lüge ein, die am nächsten morgen an seine tür klopfen wird

von diesen geröllmassen wird er wie ein kind herumgeschleudert – dort purzelt er – immer wieder schlägt seine unbeholfene gestalt auf; sie scheint unverletzt zu bleiben, dass sie gar nicht mehr verletzbar ist – leblose puppe

eine feine naht trennt ihn von sich selbst. sie ist kaum zu sehen, auch wenn sie seinen körper wie die klinge eines messers teilt, mahnmal ihrer selbst

er sieht überrascht sich selbst, die welt hat sich in das gespenst verwandelt, dessen umrisse er abgibt

er denkt verständnislos an sein früheres leben als normaler zurück ... diese taubheit, dieses gleichgültige, aber überzeugte wandeln

alle gegenstände sind porös geworden. es scheint, als könne eine berührung sie zerfallen lassen

er wird sich selbst zum einzigen berührbaren wie unberührbaren. weil er ein unberührbarer ist, ist er berührbar, sein nasenschleim, sein ohrenschmalz, der sich beständig neu unter seine fingernägel schiebende schmutz

er starrt auf einen tag, von dem er nichts weiß, dessen nähe, kommen, gegenwärtig-werden aber unabwendbar ist er sieht plötzlich, welche müllhalden er mit seinen „taten", nicht-taten aufgehäuft hat

(man kann sich jedoch auch fragen, warum sich die westlichen gesellschaften als ganzes der depression genähert haben. begann dies, musste dies beginnen, mit aristoteles' teilungen des seins, der seienden dinge, in kategorien?)

kann man sich einwohnen in der depression? einer festung, die nicht aufgehoben, nur gefährdet werden kann?

die depression schneidet ins fleisch. sie ist wie eine unaufhörliche folge von peitschenhieben

sie verdampft die worte; sie sind eben jenes, was sie nicht zulassen kann

die depression scheint mit der wahrheit im bunde zu stehen. Ist nicht tausendfältiges elend und sterben um uns herum?

hysterica passio. wie der wahnsinn steigt die depression von unten herauf

immer geht der depression die angst zur seite. sie erfüllt den ganzen körper, die erde, den himmel ...
sie bildet jetzt seine aura

niemand vermag eine depression wirklich zu ertragen; der depressive wird mit einer mischung von mitleid und misstrauen angesehen. die depression nimmt ihm sozusagen seine kontakt-fähigkeit: etwas kann über die ufer geraten

das einzige, von dem der depressive weiß, was noch auf ihn wartet, ist der tod
er fühlt sich dem tod jederzeit zugerufen und unterworfen. der tod, was auch immer das sein wird oder vielleicht schon ist, ist das einzig gewisse, so gewiss wie die dunkelheit des sternenlosen himmels über ihm

eines tages tritt also der tod zur depression. er stellt sich gewissermaßen vor. obwohl er noch die maße eines menschen hat, ist sein horizont doch schon unendlich vervielfältigt
er greift nach dem depressiven wie ein anonymer, übermächtiger kran, der aus reiner feindlicher materie ist

die versöhnung mit dem tod ist dem depressiven das wichtigste. nur ein schleier trennt ihn von ihm

natürlich beschäftigt ihn die vorstellung des selbstmordes, des freitodes – wie es sagen? er bevorzugt die wendung: hand an sich legen

was aber, wo wirst du sein im moment des sprungs?

III
NOTAT ZUR GESCHICHTE

I

Jede Auseinandersetzung mit der Geschichte kommt gewollt oder ungewollt zu ihrem Ausgangspunkt, also ihrem HIER und JETZT, ihrem *Datum* (dem ge-gebenen) zurück … sie ist stets selbst – und ausschließlich – geschichtliches Dokument, sie muss also *gewollt* bei sich bleiben …

II

Ebenso führt jede Auseinandersetzung mit der Geschichte unvermeidlich in das unendliche Labyrinth der Sprache, welches diese selbst und alle sie konstituierenden Begriffe Mensch-Welt-Gesellschaft-Gott-Zeit etc. darstellen; dieses Labyrinth muss in einem Prozess unendlichen, unentwegten Sprechens zu durchqueren versucht werden, der eigenen – unlösbaren – Aporien bewusst …

III

Nur ein Buchstabe trennt Geschichte von Geschichte-*n*, also seiner ureigensten Opposition; denn während der Historismus, die heute „bevorzugte", nahezu dogmatisierte Strömung einer sogenannten „Geschichtswissenschaft" sich auf die „Wahrheit" ihrer Fakten, Daten, Quellen etc. beruft, ist dem Geschichten-Erzähler seit jeher alle Freiheit gegeben, man erwartet sie – die gute „Erfindung" von ihm; d.h. aber auch: jede „Geschichtsforschung" untersteht dem Schibboleth (vgl. Derrida bzw. Buch Richter AT); es ist der Bedeutung Beachtung zu schenken, die die Verschiebung oder Ausklammerung *eines* Buchstabens in der Geschichte, den Geschichte-n der Testamente spielt (Sarah-Sara; Abraham-Abraam – Paulus-Saulus; vgl.

hierzu insbesondere Giorgio Agamben „Kommentar zum Römerbrief")

IV
Die etymologische Spur des Begriffes der „Geschichte" trägt die Marken „Sicht" (Ereignis, Zufall, Hergang) „geschehen" (Schein – eilen), „schicken" (entsenden; aber natürlich auch Schicksal, Geschick), „Schicht" (Boden. Ordnung; wiederum verwandt mit Schiene, spalten, scheiden, schütter, Scheibe, schiefer, schief, Schiff („Gefäß"), schier (beinahe, zugleich: rein, vgl. scheinen) – sie führt also von Anbeginn an, wie schon angedeutet, in das Dickicht, Unterholz, Rhizom der Sprache, aus welchem es – wie jegliches Wort, das stets einen unendlichen geschichtlichen Weg einherkommt – nie zu lösen, befreien sein wird ... und welchem in dieser Aporie nur die Derrida'sche *différance* – begrifflich wie denkerisch – gerecht zu werden vermag. Auch die Geschichte gerät also täglich in die Schlingen, die Laokoon-Schlangen der Sprache; so wenn es in den Medien z.B. heißt: „Heute feiert Debussy seinen 150. Geburtstag" oder „Heute könnte Wagner seinen 200. Geburtstag feiern" oder „X wurde zu 1000 Jahren Gefängnis verurteilt"; – ganz offenbar ist dergleichen nicht sinnvoll sagbar (nicht nur nach Wittgenstein); als brächte die dem Historiker so faktisch erscheinende Geschichte die Sprache in Nöte – oder umgekehrt.
Es ist mit der Geschichte also ähnlich wie mit Augustinus' Begegnung mit der Zeit: je mehr man sich ihr nähern will, desto mehr zieht sie sich zurück, ent-zieht sich.

V
Der Historiker geht – gewollt oder ungewollt, dessen bewusst oder nicht – vom eigenen geschichtlichen Ort, *jetzt*, aus. Zu der – beinahe unendlichen – Verantwortung des

Historikers zählt, sich in jedem Moment dieser Frage seines geschichtlichen Orts *eigens* zu stellen und zuzuwenden. Dazu aber kann er nur wie der Mann auf dem berühmten Bild von Hieronymus Bosch den Blick zurückwenden, soweit er vermag, dahin, von wo er gekommen ist, dem Strom der Zeit zu, in welchen er nun für einen Augenblick eintaucht; dieser Blick aber muss zumindest – wie Goethe zu Eckermann sagte – „zwei- bis dreitausend Jahre" zurückreichen.

Wie aber ist dieser Ort, das JETZT, zu bestimmen? Gewiss ist auch er Teil der unendlichen *différance* Derridas, dennoch muss – wird, bewusst oder „unbewusst", von jedem Historiker zumindest eine *Pro*-These formuliert, sie soll aber „bewusst" formuliert werden, gerade auch in der Absenz einer, jeder letztbegründeten Referenz.

VI

Die Geschichtsforschung – im Kostüm des Historismus zumindest – allerdings wähnt sich noch immer gleichsam außer der Geschichte. In der „reinen Wissenschaft", die also solche, deren Prämissen, Prinzipien wie jene der *mathemata* übergeschichtlich gesetzt wird (wie früher die Ideen Platons, wenn auch ihre geschichtliche Entstehungs-, „Ent-deckungszeit" um Bacon datiert wird), wähnt sich zudem auch *außer* der Sprache; sie teilt diesen Wahn der erblindeten Instrumentalisierung, zum Besteck reduzierten Sprache mit den Naturwissenschaften, deren ergebenster Ziehsohn, Enkel, Neffe sie ja ist und welche ja auch vermeint, dass z.B. physikalische Ereignisse außerhalb des Mediums verhandelbar seien, in welchem sie „mit-geteilt" werden; eben dieses Vergessen dieser konstitutiven Koordinate der Sprache ist es, welche seit Kopernikus die Wissenschaft blockiert, ihr *Wesen* verkennt (vgl. Heidegger: „Die Zeit des Weltbildes" – dies bei allen gewiss niemals übersehbaren technischen Fortschritten – und die sie dazu nötigen würde, diesen Mangel erkennend, den Blick zurückzuwenden, zu Ptolemäus, dessen existenziale Wahrheit die physikalische zuletzt doch stets zurück-ein-binden wird.

VII
Wir sind Zeitgenossen, 2013, – und in mehr als ‚gewisser' Weise Zeugen z.B. der gegenwärtigen syrischen Katastrophe. „Historische Wahrheit" wird es darüber nie geben, jedoch unzählige Interpretationen, Thesen, Be-hauptungen – wir sind Zeuge der Unmöglichkeit einer solchen „Wahrheit" – ohne eben dies, diese Aporie – die uns als Einziges bleibt, anzunehmen, d.h. aber auch: ohne uns von der Verantwortung, Hilfe etc. zu entlasten – diese „wahr"-zunehmen …

VIII
Tatsächlich hat der Begriff der Geschichte, der seine Hochkonjunktur (beginnend mit Herder) im 19. Jahrhundert hatte, heute in Westeuropa/Nordamerika alle Kraft verloren (was Fukuyamas nur amateurhaftem Ausruf vom „Ende der Geschichte" sogar zum Bestseller-Erfolg führte) d.h. nicht nur die in der seit 1848 tatsächlich fast gänzlich geschichtslosen Schweiz (in welcher nur noch das „Reduit" eine – eigene – Zäsur darstellte, während sie gleichzeitig zum Transit-Raum der internationalen Geldströme wurde) – man kann allerdings sagen, es scheine, als löse sich die abendländische Geschichte in der Maschine, die sie entfacht hat, selber auf (was freilich ein entscheidendes geschichtliches Ereignis ist) … die ja schon von ihrem abend-ländischen Namen, Begriff her zum Erlöschen geneigt scheint (eines der großen Themen J. L. Nancys); ein Titel wie Burckhardts „Weltgeschichtliche Betrach-

tungen" ist gar nicht mehr vorstellbar ... der Kampf Hölderlins um das „Nationelle" z.B. In den Gesängen: Germanien, Der Ister, Heimkunft scheinen nicht zweihundert, sondern tausende von Jahren zurückzuliegen ...

IX
Was aber mit der Geschichte verloren geht, ist zugleich die GEMEINSCHAFT (die nichts mit der gesellschaftlichen Ordnung zu tun hat), denn diese sind nicht trennbar, isolierbar: Gemeinschaft ist stets ein HIER und JETZT, wie – in Westeuropa – zuletzt z.b. der Mai 68, oder auch – als Augenblicke zumindest – noch die Zürcher Jugendunruhen um 1980, etc. Selbst Kant konnte seinen Traum vom „Weltbürgertum" (welche der Historistiker Universalgeschichte nennt) nicht explicieren (das von ihm selbst diagnostizierte Paradox der „ungeselligen Geselligkeit" des Menschen nicht auflösen) – er erscheint als Gespenst der Globalisierung jetzt schon, siehe Wells, Huxley, Orwell etc. als ALPTRAUM.

X
Was von Burckhardt aber wesentlich bleibt, ist seine Sentenz vom „unlösbaren Rätsel der Geschichte" – diese ist tatsächlich jedem Verstehen, Verständnis „an sich" (sie bleibt unerkanntes, wenn auch mitunter ergriffenes „für sich"); entzogen wie alle Grundbegriffe (Welt, Gott, Mensch) ... auch hier bleibt die Bindung des Denkens an Wittgensteins „Logik" (Tractatus) unüberwindbar ... „Wir können nicht unlogisch denken", d.h. wir sind Gefangene des Logos (und zugleich zu dessen Lesung verpflichtet – ermöglicht, verpflichtet).

XI

Dass heute jede geschichtliche Reflexion von Benjamins Thesen „Über den Begriff zur Geschichte" (um 1940) auszugehen hätte, hat (auch vom Werk Heideggers, Foucaults, Agambens, Nancys, Blanchots), ist offenbar ... doch ist sie im „Betrieb" einer sogenannten, nach wie vor rein historistischen, positivistischen „Kultur-Geschichts-Forschung", zumal der Schweizerischen Geschichts-Institute, noch nicht einmal angekommen ... alleine in die posthume Edition der Thesen (deren kritische Ausgabe erst mit dem Bd. 19 der Gesamtausgabe 2010 abgeschlossen werden konnte) – nach dem Freitod Benjamins auf der vergeblichen Flucht vor den Nazis in Port Beau – waren fast alle bedeutende DenkerInnen jener Zeit involviert: Hannah Arendt, Georges Bataille, Adorno, Horkheimer, Gershom Scholem, Bloch, Hans Mayer u.a. – sie alle erkannten die gar nicht messbare Bedeutung dieser Schrift, die, um einen anderen Begriff Benjamins, jenen des „Traumschlafs der Epochen", zu verwenden, die Geschichts-Forschung aus dem Alp-Traum des Historismus geweckt hatte – (hätte wecken können), in dem sie den MENSCHEN, die TOTEN wieder in die Geschichte einschloss, einfügte, aus welchen sie ja einzig besteht: „Der Chronist, welcher die Ereignisse hererzählt, ohne große und kleine zu unterscheiden, trägt damit der Wahrheit Rechnung, dass nichts, was sich jemals ereignet hat, für die Geschichte verloren zu geben ist ... es besteht eine geheime Verabredung zwischen den gewesenen Geschlechtern und unserem ... uns ist, wie jedem Geschlecht, das vor uns war, eine schwache messianische Kraft mitgegeben, an welche die Vergangenheit Anspruch hat (These II). Aus einem der Notate aus den Vorarbeiten der „Thesen": Die ewige Lampe ist ein Bild echter historischer Existenz. Sie ist das Bild der erlösten Menschheit, der Flamme, die am jüngsten Tag entzündet wird und ihre

Nahrung an allem findet, was sich jemals unter Menschen begeben hat."

XII

Eines der Leitworte Benjamins ist das „Eingedenken" – es ist das Gegenteil des starren Blicks des Historikers auf das Objekt: „Sie verbindet mit der Erlösung ... Dieses Eingedenken gilt den namenlosen Toten ... schwerer ist es, das Gedächtnis der Namenlosen zu ehren als das der Berühmten ... Im Eingedenken machen wir eine Erfahrung, die es uns verbietet, die Geschichte atheologisch zu begreifen ..." Benjamin verbindet den Historischen Materialismus von Marx-Engels (was ihn nicht hindert, z.B. die Theorie des Fortschritts bei Marx – durch die Entfaltung der Produktionsmittel – zu verwerfen) mit dem Messianischen, dies schon in der ersten These; diese Thesen und insbesondere die Notate aus der Entstehungszeit sind zugleich auch eine Philosophie, Denken des Messianischen, die – subkutan korrespondierend mit der langen Tradition des messianischen Denkens, insbesondere Maimonides und den Texten der Kabbala. Das messianische Denken ist zugleich ein gänzlich anderes Denken der Zeit, eine Überwindung der Zeit an sich, insbesondere als jenes der Addition des Historistikers: „Die messianische Welt ist die Welt allseitiger und integraler Aktualität. Erst in ihr gibt es eine Universalgeschichte ... Definition der Gegenwart als Katastrophe; Definition von der messianischen Zeit aus ... der Messias tritt nicht am Ende einer Entwicklung auf. Er bricht die Geschichte ab ... der wirkliche Historiker, jener des Eingedenkens, in dessen Geschichtsschreibung der Impuls der Rettung lebt, ist ein rückwärts gekehrter Prophet. Er kehrt der eigenen Zeit den Rücken; sein Seherblick entzündet sich an den ins Vergangene verdämmernden Gipfeln der Ereignisse …" Benjamin verlangt vom wirklichen Historiker: „Moralische Legitimation, Rechenschaft des Interesses an der Geschichte … das geschichtsschreibende Subjekt ist von Rechts wegen derjenige Teil der Menschheit, dessen Solidarität alle Unterdrückten umgreift …" Der historistische Positivismus dagegen „wird erkauft mit der gänzlichen Ausmerzung alles dessen, was an ihre ursprüngliche Bestimmung als Eingedenken erinnert … die Beseitigung des Nachhalls jeder Klage aus der Geschichte …" Diese Ausmerzung bezeichnet ihre endgültige Unterwerfung unter den modernen Begriff der Wissenschaft. Die Vergangenheit jedoch, das Gewesene ist also nicht in Fakten aufhebbar, sondern ihre Rettung ins Messianische ist Auftrag des Historikers: „Sollten Kritik und Prophetie die Kategorien sein, sie in der ‚Rettung' der Vergangenheit zusammentreffen? … die Erlösung ist der Limes des Fortschritts … die Angel, in welcher sie (die Erlösung) – die kleine Pforte, durch die in jeder Sekunde der Messias treten kann, ist das Eingedenken." Die „Befugnis des Historikers hängt an seinem geschärften Bewusstsein für die Krise, in die das Subjekt der Geschichte jeweils eingetreten ist." Eine solche Krise gibt es für den Schweizer Historistiker seit Jahrzehnten nicht mehr; er sieht sie nicht, dem Nihilismus längst selbst erlegen. Dagegen Benjamin: „In Wirklichkeit gibt es nicht einen Augenblick, der seine revolutionäre Chance nicht mit sich führte …"

XIII

Das Verfahren des „historistischen" Historikers ist seit Benjamin radikal entblößt: „Sie hat keine theoretische Armatur. Ihr Verfahren ist additiv: sie bietet die Masse der Fakten auf, um die homogene und leere Zeit auszufüllen … er (der Historistiker) lässt sich … in einem Schema der Progression die Abfolge der Begebenheiten durch die

Finger laufen ... wie einen Rosenkranz." Er tut genau das Gegenteil des wahren Historikers: er trennt, schneidet säuberlich, wie mit dem Fischmesser alles menschliche Geschehen, Schicksal, Leiden, Hoffen aus seiner Geschichtsschreibung heraus, damit nur die – also vollkommen gesäuberten, vor ihm auf dem Tisch als sein Objekt liegenden – Gräten, Skelettierungen der reinen Fakten, Daten, Rechnungen übrig bleiben. Was er tut, ist nichts weniger, als die Toten *zum zweiten Mal* zu töten und als Einzige, Einzelne, aus der Geschichte zu „exhumieren" ... Von den vor ihm liegenden objektiven Gräten, Skeletten wird er natürlich niemals in die geringste Versuchung kommen, diese in irgendeiner Weise mit sich, seiner Gegen-Wart, seiner WELT in irgendeine Beziehung zu bringen – und so wiederum sichert er sich das unangreifbare Privileg, zu dieser, seiner Welt, Jetzt-Zeit (die ja für ihn noch nicht Geschichte ist, noch nicht völlig getötet), niemals etwas sagen zu müssen; er ist nicht nur von jedem Wort zu dieser entbunden, sondern ebenso auch von jeder Ver-Antwortung oder gar „Engagement", inzwischen selbst ein geschichtliches Wort, freilich im historistischen Vokabular nicht einmal als solches aufgenommen. Es ist diese Verachtung, Streichung der Toten, der Ahnen, die über Jahrtausende undenkbar-vorstellbar war, die den Historismus zu einer der wahrhaft „festen Burgen" des Nihilismus und in der konsequenten Nichtlesung aller Worte jenseits der Fakten, Daten etc., insbesondere aller Worte der Theologen und Philosophen, des Neo-Analphabetismus gemacht hat.

XIV
Der Historismus besteht vielmehr – in dieser Streichung, reinen Massenquantifizierung-wissenschaftlichen Geschichts-*Shoa* der Menschen, Toten, Ahnen – auf seiner „wissenschaftlich-rechnerischen" Methode als einer des

„Fortschritts", die uns vom Heldenkult, der „Parteilichkeit" früherer Geschichtsschreiber erlöst, befreit habe – er bestätigt damit immerhin seine Gefolgschaft der Gläubigkeit *an sich* gegenüber – wenn er auch an die Stelle des „toten Gottes" – seinen wissenschaftlichen Fortschritt setzt, der wie das ewig gleiche „fortfortfort ..." eines jeden Schritts natürlich dazu verdammt ist, rein tautologisch, also statisch, gebannt, zu sein.

Die Deklarierung des Fortschritts, seit Bacon, Descartes, Locke etc., in ihren hysterischsten, schon hilflosen Formen seit Lessing, Schiller u.a., Monstranz und Ikone von Politik und Wissenschaft bis jetzt musste die Geschichte töten, abtun, die von nun an stets als Überwundenes, Minderes erscheinen musste. Nichts ist dem Historistiker und seinen Zeit-Genossen überhaupt so ins Fleisch gewachsen wie der Gedanke, immer der Beste, Fortschrittlichste zu sein, stets der wichtigsten, anhin nie erreichten Zeit-e*pochae* anzugehören.

XV

Jegliche Pro-These (welche immer Pro-These bleiben wird) einer Bestimmung, Er-örterung des eigenen Ortes der Jetzt-Zeit ist nicht möglich ohne Versuch, Anstrengung, den Weg zu diesem JETZT, welcher ja dieses JETZT konstituiert hat, zu re-konstruieren. Diesen Versuch der GENEALOGIE übernimmt der Historistiker nicht einmal, er reiht – wie Benjamin ausführte – additiv auf, was „sich ereignet" hat; er blickt – methodisch- höchstens bis 1789 zurück, dem Beginn, Sieg der *epochae* des Todes Gottes, der totalen Wissenschaft; er übersieht den tautologischen Zirkel (ewigen Kreis des Fortschritts), den jenes Datum zugleich eröffnet hat (das sein literarisches Pendant, wie Gründungszeugnis am deutlichsten in Goethes „Faust" gefunden hat).

XVI

Diese Pro-These hier laute: unser geschichtlicher Ort ist jener der *Götternacht* Hölderlins oder Heideggers „Gestell", gültigstes Manifest unserer Zeit ist immer noch der „tolle Mensch" Nietzsches: „Wird es nicht Nacht und immer mehr Nacht?" (vgl. p. 175 der „Fröhlichen Wissenschaft". Ähnlich fasst Heidegger bekanntlich die abendländische Geschichte unter dem Begriff der „Seins Vergessenheit-Verlassenheit" und eben des „Gestells" zusammen – in Anschluss an Hölderlins „Götternacht" ist das Werk Heideggers der einzige umfassende Versuch, diesen Weg, GENEALOGIE, des Abendlandes nachzuzeichnen, welche über die vier metaphysischen Grundstellungen der Vorsokratiker – Platon, Aristoteles – Christentum – Neuzeit (ab Descartes' cogito ergo sum) in die „äußerste Not der Notlosigkeit", die „Machenschaften" des heutigen „unsichtbaren" Nihilismus geführt hat …

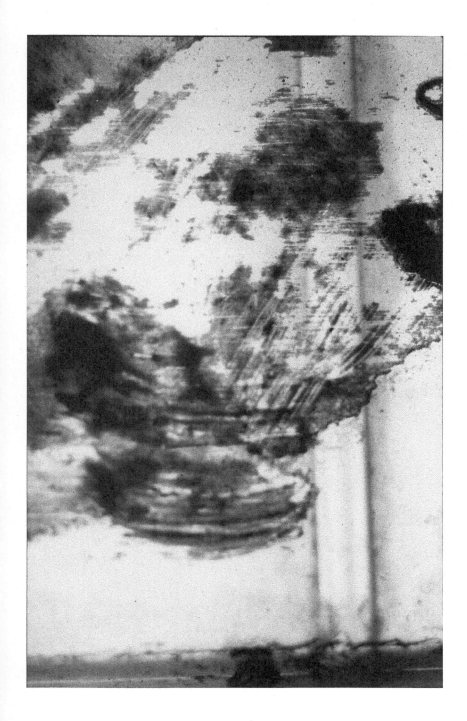

MISZELLEN:

Phänomenologie I: Die Geschichte, deren Zeuge ich bin („Wer aber zeugt für den Zeugen?" – Celan) ist an meine eigene gebunden, wie natürlich umgekehrt: scheint sie in der Jugend zu meiner Disposition zu stehen, auf mich Gebürtigen gewartet zu haben, entschwindet sie gegen Ende des Lebens, als habe es sie nie gegeben, als habe ich an einer Folge von – endlosen – Traumbildern-Trugbildern teilgenommen ... und auch diesen teilhaftig lediglich in einem winzigen Moment, der niemals etwas „über das Ganze" – und sein vermeintliches *telos* – zu sagen vermag ...

Die Umkehrung Heideggers: das Denken geht der Empirie voraus (von ihm vor allem am descartschen „cogito" „gedeutet" (von ihm übertragen als „ich bin ein die Welt mir Vor-stellender", was im Internet zu seiner mindestens provisorischen Entelechie geführt hat) – kann, wie alle geschichtsphilosophischen, auch „heilsgeschichtlichen" fragen (Löwith, Taubes u.a.) von keinem Historiker einfach um-übergangen werden ... was natürlich nicht bedeuten kann, Heideggers „Seins Geschichte" un-befragt zu übernehmen – denn: wer aber „leitet" das SEIN?

Ist der Sog der Geschichte, der „reißenden Zeit" (Hölderlin) autonom oder „lenkbar"? Diese Fragen umgeht der Historiker wie der Teufel den Weihrauch ... Wird die Geschichte von Menschen gemacht (ein Mythos seit Feuerbach, Marx) oder von Gott, den Göttern, ein Mythos und Sage seit Beginn der Schrift, der „Geschichte", oder macht sie sich gleichsam selbst – so ist Aristoteles' Entelechie denkbar ...

Notwendig ruft die Frage nach dem „unbewegten Beweger" (Aristoteles) der Geschichte das Verhältnis Notwendigkeit-Freiheit auf. Schellings Antwort darauf, vielleicht die eindrücklichste überhaupt, ist jene, dass Freiheit *ist* im Modus der Notwendigkeit und Notwendigkeit im Modus der Freiheit. Zugrunde liegt die scholastische Unterscheidung quodditas und quidditas. Sie hebt zumindestens den „Freiheit"-Monstranzen-Begriff seit 1789 auf

Es ist – selbst für einen Historistiker – offenbar, dass jeder Frage nach der Geschichte jene nach der ZEIT vorangeht: Tritt die Zeit in mich ein oder ich in sie? Und warum gerade „jetzt" – zu diesem oder diesem Punkte, eckhartschen NU, der Zeit? Und kann es zwischen zwei Punkten, die als Punkte ja identische Entitäten sind, wirklich eine Differenz geben? Oder ist diese Frage falsch gestellt? Tatsächlich lässt sich die ZEIT – synchron – als ein einziger Moment verstehen – und so versteht Meister Eckhart sein NU – wie diachron in der Banalität des fort-fort-schritts oder als ein endlicher (messianischer, heilsgeschichtlicher) oder unendlicher Strom (z.B. im Modus von Nietzsches „Ewiger Wiederkehr").
Nur der Historistiker glaubt an die plumpe Folge von Vergangenheit, Gegenwart, Zukunft. Es sind aber diese drei Ek-stasen der Zeit jene, die von Schrift-Beginn an zur Disposition standen und am unübersehbarsten im Tanach und im Neuen Testament gegen den Strom der Diachronie gebürstet werden. Auch die aristotelische Entelechie kehrt die Ekstasen um; Heidegger brachte sie einmal auf die populäre Formel: „Der Mensch ist vor dem Affen, weil der Affe nur auf den Menschen zu ist …"

Jedenfalls aber ist der Skandal der Vergänglichkeit, des einzigen winzigen Punktes des Seienden, seines Erblühens und Verlöschens in einem, nur ertragbar, wenn man die drei Ekstasen der Zeit – ähnlich dem Denken der christlichen Trinität – in diesem *einen* Punkte umklammert sieht. Das Abend-Land war seit – so missverstandenem – Aristoteles der Diachronie verpflichtet, während der Osten die Frage der Geschichte im Rad des Samsara untergehen ließ; die Erfahrung der Geschichte als Synchronie blieb lebendig in den „primitiven", animistischen Kulturen, die die Ahnen und das Jetzt als eines setzen ...

Es ist für den Phänomenologen offen-sichtlich, dass sich jeder geschichtliche Augenblick, genau angesehen, sogleich auflöst. Vgl. dazu die Predigt 44 von Meister Eckhart, in welcher er die Zeit als eine Form der „Ausscheidung" oder des „Auswirkens der Bilder" bezeichnet: „Das Werk ist zugleich zunichte geworden und auch die Zeit, in der es geschah ... der Geist, aus dem das Werk geschieht, entledigt sich des Bildes ... als Werk ist es in der Zeit, aus dem Geist herausgefallen ..."
Dem entspricht das Phänomen, dass historische Bilder nicht helfen beim „Verstehen" der Geschichte, dass diese Bilder tatsächlich sofort erlöschen, Präsenz in Absenz untergeht – wie auch die Bilder (Fotos) des eignen Lebens. (Seltsamerweise ist die Sprache dagegen „haltbarer".)

Noch einmal Benjamin: in den „Passagen" spricht er selbst von der „Kopernikanischen Wende" seiner „Anschauung": (s. 1056): „Die Kopernikanische Wendung in der geschichtlichen Anschauung ist dies: man hielt für den fixen Punkt das ‚Gewesene' ... nun soll sich dieses Verhältnis umkehren und das Gewesene seine dialektische Fixierung von der Synthesis erhalten, die das Erwachen mit den gegensätzlichen Traumbildern vollzieht ..."

Bekanntlich leben heute noch indigene Gemeinschaften unverändert im „Steinzeit-Status", ohne Schrift und den

Begriff der Geschichte (wohl aber dem der Ahnen ...). Levy-Strauss traf die Unterscheidung zwischen dem „Rohen" in dem „Gekochten", den „kalten" und den „heißen Gesellschaften" – ohne den „erhitzten" irgendeinen höheren Wert oder Fortschritt zuzusprechen ... Zu den großen Fragen zählt also: was bewirkt, initiiert überhaupt einen geschichtlichen Prozess? Warum?

Das signifikanteste geschichtliche Ereignis seit 1989 ist nicht 2001 etc., sondern im „Gefolge-Gestell" seit 1989 z.B. Dolly, die DNA-Analyse, die Homosexuellen-Ehe etc., indem sie einen fundamentalen bio-anthropologisch – „wissenschaftlichen" politischen *Sprung* darstellt, der in seiner nun tatsächlichen auto-nomen Bewegung (denn es gibt keinen „Zaubermeister" mehr wie noch bei Goethe) wohl die ganze „Zu-kunft" an-führen wird ...

9-11-2001 steht zuerst für die Aporien der Geschichts-Wissenschaft-Forschung. Auf welches Material und welche Begründung stützt sich der Historiker? Geschichtsforschung kann zunächst nichts anderes als unerbittliche Recherche, Archäologie sein; aus den politischen Implikationen einer solchen Recherche darf sich der Historiker nicht heraussstehlen wollen; eben durch diese Gefahr aber ist 9-11 in der Geschichtsforschung noch nicht einmal angekommen, geschehen ...

Hier im Lager hat alles seine Ordnung (Pasolini 1975)
*Das Lager ist der nomos der Moderne (*Agamben, 2002)
Diese düstersten Dia-Gnosen der JETZT-Zeit sind insbesondere auch für eine Bestimmung des geschichtlichen Ortes Graubünden – der Alpenregionen, Randregionen entscheidend; da sie sich dort am ungehindertsten auszubreiten vermögen; es ist unvermeidbar, Pasolinis Schriften

über die „anthropologische Mutation", den „Genozid" (an den friaulianischen-bäuerlichen und römischen Arbeiter-Klassen) zwischen 65-75 als prophetische Geste zu verstehen, die Agamben in den letzten Jahren in seinen entsetzlichsten Fluchtpunkt weitergedacht hat.

Gewiss sind die „heilsgeschichtlichen" Theoreme des Christentums (die bis Voltaire Geltung hatten, also vierzehn Jahrhunderte lang; Theoreme, die sich – die *ecclesia* – explizit geschichtlich-zeitlich verstanden), von den „Evangelien" über Thomas bis Leibniz' „prästabilierter Harmonie", noch immer die *in sich* konsistentesten. Das Buch Karl Löwiths (1952) mag vielleicht eine erste Ahnung der sich damit dennoch auftuenden Ab-Gründe zu vermitteln: es schließt seinerseits u.a. an Burckhardt an, der nicht nur auf den Begriff der „Vorsehung", sondern auch des „Fortschritts" verzichtete: „Burckhardts Grunderfahrung war der rapide Traditionsverfall" (1870!) – umso verzweifelter suchte er nach anderen Konstanten eines geschichtlichen Kontinuums, als deren *arche* er den Hellenismus sah; doch auch Augustins „Gottesstaat" blieb stets eine Option seines Denkens, „wohingegen in den lutheranischen Ländern der Pastor die falscheste Position einnimmt, die es jemals unter der Sonne gegeben hat"; den „kommunistischen Glauben" nennt Löwith. Gewiss zu Recht – eine messianische „Pseudo-meta-morphose" ...

Notiz zur Phänomenologie der „Zeit" II
Wenn ich an 1972 zurückdenke, also 40 Jahre, damals kurz vor dem Abitur etc. ... sehe ich keine ehemaligen Wirklichkeiten, sondern nur vorbeitreibende, längst erloschene, bedeutungslose Schollen; allerdings scheint es auch keine Differenz zu heute zu geben, also eben keine Zeit, geschweige denn Geschichte; eher gleicht die Erinnerung

einem Bild, an dessen Horizont, Hintergrund perspektivisch sich diese Partikel entlangbewegen ... 1972 erscheint als nichts als eine beliebige Zeit, wie natürlich auch 2012 ... dunkel, un-*wirk*-lich tauchen, an diese Zahlen, Daten denkend, Reminiszenzen an Hoffnungen, Ängste auf – erloschen wie jene Partikel – auch die Fotos jener Jahre sprechen nicht mehr ... man sieht sie ungläubig an ...
P.S.: was bedeutet eigentlich der juristische Begriff der Verjährung?

Goethes „Dichtung und Wahrheit" ist wohl eines der ersten Bücher, dessen Titel zu verheißen scheint, einen Weg durch dieses Dickicht zu bahnen. Doch es war ja Goethe selbst, der rasch klarstellt, dass sein Buch richtiger „Dichtung der Dichtung" heiße ... Später sagt Goethe: „Geschichte ist das Gewebe von Stimmen" ...

Geschichte ist im gleichen Augenblick und Maß ungreifbar wie faktisch, Präsenz und Absenz in einem (das Geschehen erlöscht zugleich und bleibt für immer – Benjamins „Eingedenken"): tatsächlich ist ja auch jedes musikalische Werk sofort zeitlich-geschichtlich einordbar, Zeugnis (s) einer Zeit ... handelt es sich um eines der großen Werke, diese zugleich überwindend, auslöschend, diese als Kategorie aufhebend – von Orlando über Bach, Bruckner bis Sofia Gubaidulina.
Der Historiker – und nicht nur er – muss das Paradox ertragen, tragen, gleichzeitig gleichsam Subjekt und Objekt der Geschichte zu sein – seine Verantwortung liegt gerade in seiner Positionierung an diesem Kreuzweg (der an jenes Laios und Oedipus erinnert ...)
Bekanntlich kann man jede Versteinerung (der Pflanzen, Tiere) als geschichtliche begreifen – dann aber muss auch die Umkehrung gelten: d.h. jede Geschichte führt in die wort-

lose, erkenntnislose be-deutungslose Ver-Steinerung – ist also, was zuletzt bleibt, Kubricks „Monolith" (Odyssee 2001)? – Aber selbst dieser, gerade er, ruft zur Deutung auf ...

Eigentlicher Widersprecher wie Fürsprecher der Geschichte ist die Geburt-Gebürtigkeit, die bei Meister Ekhart oft wie ein Synonym des *Seins* überhaupt erscheint ...

Zu den großen, kühnen, geschichtsphilosophischen Werken, die der Historiker kennen muss, zählt auch Agambens „Kommentar zum Römerbrief" – nach welchem wir – immer noch – im unmittelbaren messianischen Zeitalter des Paulus leben, das für ihn mit Christus (dem Gesalbten-Synonym des Messias) anhob – einer Zeit, Existenz des „als ob" – da alles bereits geschehen ist, jedoch bis zur letzten Wiederkunft des Messias eben im Stand des „als ob" auszuharren ist.
Die Zeit selbst ein Streit, weil sie jeden Augenblick gegen einen anderen stellt – (Heraklit: „alles geschieht nach dem Streit (*polemos*); man steigt nie in den gleichen Fluss ...") sie steht also im – scheinbaren – Gegensatz zu jenem, was SEIN verheißt.
Es muss eine unglaublich starke Gravitation des (geschichtlichen) Augenblicks geben – daher die Notwendigkeit der beständigen Hypo-stase, Ergreifung der ja existential gegebenen Ek-stase; dennoch ist die Lösung nie ganz möglich, vgl. Nietzsches-Hölderlins Mutter-Abhängigkeit-Gläubigkeit etc. ...

Es ist noch gar nicht abzusehen, was alles einmal noch Geschichte wird. Die Vergangenheit ist vielleicht immer noch wesentlich unentdeckt.
(Nietzsche, 1884 in Sils Maria)

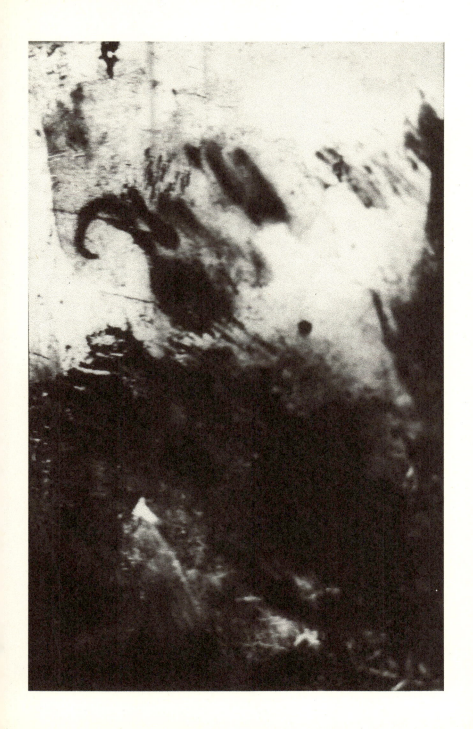

IV
DAS HAUS OHNE WORTE
Zur Situation der Psychiatrie in der Schweiz

„Fern, fern geht die Weltgeschichte vor sich, die Weltgeschichte deiner Seele." (Franz Kafka)

„Man muss vorsichtig auftreten, man könnte einbrechen ..." (Georg Büchner, „Danton")

I
Um 1512 gaben die Mönche des Antoniterordens in Isenheim bei Colmar dem Meister Nidhart (Matthias Grünewald) den Auftrag für einen dreiseitigen Wandelaltar in ihrem großen Krankensaal.Die Antoniter waren

vor allem ein Orden für die Kranken und das Bild war für deren Heilung

oder zumindest Linderung ihrer Leiden gedacht; die Kranken (meist an der Pest oder dem sogenannten „Antoniusfeuer", einer oft tödlichen Getreidevergiftung Leidenden) lagen auf Betten oder dem Boden des großen
Saales direkt vor diesen neun großen Tafeln der Verkündigung, Geburt, Passion, Auferstehung ...

II
Vor wenigen Wochen lagen in Chur einige Tage an der Brücke die – mitten in der Stadt – über den Plessur-Fluss führt, Blumen, Kerzen und ein Bild der schönen 25jährigen

S.; sie hatte sich, nachdem sie, wie in der Stadt erzählt wurde, eine Weile auf der Flussmauer getanzt hatte, in diesen hinabgestürzt. Dass es sich *nicht* um einen Unfall handelte, bestätigten zuerst die örtliche Zeitungen, indem sie den Tod von S. verschwiegen, wie dies ja seit langem zum – unhinterfragten – Regelfall bei „Frei-Tötungen" geworden ist. S. gehörte zeitweise auch zur Churer Drogenszene wie zur Churer/Bündner „Psychoszene" – also jener, die sich aus einer der beiden psychiatrischen Kliniken des Kantons, dem Waldhaus Chur oder der Klinik Beverin bei Cazis kennen und zu deren Treffpunkt u.a. die Raucherstube des Restaurants „Steinbock" direkt am Churer Bahnhof gehört ...

III
Die – geschlossene – Notfallstation des Churer Waldhauses ist zugleich die hässlichste der ganzen Klinik, beinahe ohne jeglichen Wand-Schmuck, kahl-hässliche Wände; kahles, hässliches Aufnahmezimmer, kahles hässliches Stationsbüro, was den dort ihre Computer betastenden und Psychopharmaka selektionierenden „Fachkräften" (wie die früheren Pfleger nun heißen) gleichgültig zu sein scheint – nachts hört man Patienten schreien und an die Wände, Türen schlagen; aber auch alle anderen Räume der PDGR enthalten nichts als nahezu konventionsbesessene Landschafts-Tier-Fotografien, keine einzige Wiedergabe eines der großen Gemälde der Gotik, Renaissance, deren Künstler (Giotto, Cimabue, Fra Angelico, Tizian, R. van der Wejden, H. Bosch ...) noch von der Suche nach dem ‚Seelenheil', dem ‚Gottesreich' angetrieben waren (nur – ausgerechnet – die Gänge der Verwaltungs-Ärztetrakte enthalten erstaunliche Werkserien zeitgenössischer Bündner Künstler); ebenso kennen, besitzen die ganzen PDGR weder eine Bibliothek, Diskothek, Videothek (mit Filmen

wie jenen Tarkowskis, Antonionis, Dreyers, Pasolinis und so vieler anderer, die durchaus etwas zu stiften, innere Räume zu öffnen vermögen ...); als setzten die PDGR

Desinteresse, „Geist-losigkeit", „Anti-Intellektualität" ihrer Patienten a priori voraus ...

IV
Die Kliniken Waldhaus und Beverin sind die Hauptanstalten der PDGR. Sie stellen sich auf www. pdgr.ch so dar: „Die PDGR stellen die psychiatrische Versorgung der Erwachsenen im Kanton Graubünden sicher ... die PDGR bieten im stationären Rahmen verschiedene Formen der Psychotherapie an ... in unserem Zentrum für Psychiatrie bieten wir alle Therapieformen bedürfnisgerecht an ... die Psychotherapiestation der Klinik Waldhaus und die psychotherapeutische Tagesklinik basieren auf kognitiv-verhaltenstherapeutischen Behandlungskonzepten ... es stehen pharmakologische und psychotherapeutische Behandlungsformen zur Verfügung ..."

V
Wikipedia: „Die kognitive Verhaltenstherapie (die neben der Medikamentenabgabe einzig tatsächlich praktizierte Methode der PDGR) ist eine Form der Verhaltenstherapie, die sich seit den 60er Jahren aus dem Kognititivismus entwickelte ... Als Begründer kognitiver Therapien gelten Aaron T. Beck und Albert Harris ... Kognitionen umfassen Prozesse des Wahrnehmens, Erkennens, Begreifens, Urteilens, Schließens ... es sind vor allem Denkfehler und irrationale Annahmen, die zu den Gefühlen von Minderwertigkeit und Bedrohung führen ..."

So scheinbar einleuchtend, in Wirklichkeit dunkel, verdunkelnd, diese Beschreibungen, Begrifflichkeiten sind, so erkennbar wird doch ihr Zielpunkt, wenn unter „Literatur" z.B. folgender Titel aufgeführt wird:
„Dieter Schwartz. Vernunft und Emotion: die Ellis-Methode: Vernunft einsetzen, sich gut fühlen und mehr im Leben erreichen. Praxis der rational-emotiven Verhaltenstherapie. Dortmund 2005, 5. Auflage", d.h. Nähe der kognitiven Verhaltenstherapie einerseits zu der wirklich tollen Esoterik eines sogenannten Bestsellerautors Eckhart Tolle („Entdecke deine Bestimmung im Leben", 2007 etc.) wird ebenso deutlich wie zu der rein amerikanisch-behavoristisch-technisch geprägten „Verhaltens-Therapie", die ihre uni-formierende Intention ja bereits in ihrem Titel trägt („Der strenge Behaviorist stellt sich den Menschen als ein passives Wesen vor, dessen Verhalten ausschließlich unter der Kontrolle der Umwelt steht", Metzler, 1998) und welche seit langem nicht nur die Psychoanalyse, sondern ebenso die „Humanistische Gesprächstherapie" (welche u.a. noch vom dialogischen Denken Martin Bubers inspiriert war) wie die „Gestalttherapie" aus den Kliniken verdrängt hat, von der „Daseins-Analytik" eines Medard Boss, in den 50er Jahren auf der Basis von Heideggers unumstrittenen Meisterwerkes „Sein und Zeit" (1924) im nahe gelegenen Lenzerheide entworfen, ganz zu schweigen ...

VI
Ab ca. 22.00 Uhr liegen die PDGR im Dunkeln ... das Gelände nun vollkommen leer, nur von den Stationsbüros matter Schein wie letzte Positionslichter eines erlöschenden Planeten ... die Nachtwachen meist halb schlafend vor den Fernsehern ... manchmal lautloses Herangleiten eines Polizei- oder Ambulanzfahrzeuges ... Richtung Notfallstation ...

VII

In seiner 43. Predigt sagte Meister Eckhart um 1305: „Gott ist nirgendwo so eigentlich wie in der Seele und in den Engeln, wenn du willst: im Innersten der Seele und im Höchsten der Seele."

Bis zum „Tode Gottes", 1882 von Nietzsche vom ebenfalls nahe gelegenen Oberengadiner Sils Maria weltweit ausgerufen – jenem „Tod", dessen faktisches Datum 1789 ist, (dem „Sieg" der Aufklärung, von der Adorno/Horkheimer 1946 in ihrer „Dialektik der Aufklärung" sagen werden: „Die gänzlich aufgeklärte Erde strahlt im Glanz völligen Unheils") – dies nach bereits allerdings jahrhundertelanger Agonie „Gottes", beginnend im England Bacons, Shakespeares, Hobbes' ...) war die Seele, bzw. ihre früheren griechischen, lateinischen Äquivalente (psyche, anima), eines der entscheidenden Grundworte-Figurationen der Sprache, Dichtung, Philosophie, Theologie.

Die Seel-Sorge war der Kirche anvertraut und zentraler Auftrag der Priester und Mönche; entscheidendes Instrument, Mittel war das Beicht-Sakrament, die „confessio", aber auch „Amt der Schlüssel" und „Sakrament der Versöhnung" genannt, welches die „Taufgnade" wiederherstellt (und sogar von Luther als drittes der ursprünglich sieben Sakramente beibehalten). Die Evangelien erzählen wie die Apokryphen oder die „legenda aurea" von Jesu-Wunderheilungen nicht nur körperlich Kranker, Erblindeter usw., sondern auch der „Besessenen, deren Dämonen" er austrieb; an Klarheit, innerer Logik zumindest ist dieses Modul nicht mehr erreicht worden; und hier hat auch das Zölibat (das natürlich freiwillig gewählt werden muss und nicht päpstlich dekretierbar ist) seine Bedeutung, indem es die Mönche, Priester jeglichen Privat-Familienlebens entband. In den PDGR arbeiten fast alle Fachkräfte nur nach Prozenten (20-80 Prozent), es ist fast unmöglich, auch nur zu ahnen, wer gerade Dienst hat; ebenso gibt es kaum eine Fachkraft, die sich ihre Freizeit durch Reflexionen über ihre Arbeit verdüstern ließe ...

VIII

Dieses Wort „Seele" gibt es nunmehr also nur noch als historischen, musealen, nicht mehr als „faktischen" Signifikanten. Wie auch? Für was auch? Es er-scheint so wenig wie jener des „Geistes" auch nur einmal auf den www-Seiten der PDGR oder der Kognitiven Verhaltenstherapie. Schon gar nicht in den Uni-Vorlesungsverzeichnissen des Faches Psychologie; dort wird vielmehr z.B. angeboten: „Angewandte Psychologie. Life-Management". „Praktische Intervention 2/Verhaltenstraining". „Kognitive Neurowissenschaften 2/Neurobiologie psychischer Störungen". „Neuropsychopharmakologie" etc.

Inzwischen also aus dem allerdings ganz allgemein und global zerfallenden „Haus des Seins – der Sprache" (Heidegger) verwiesen, sind mit Seele und Geist allerdings auch alle den Menschen („das nicht festgestellte Tier" – Nietzsche) konstituierenden Begriffe: Person, Persönlichkeit, Individuum, Gemüt, Subjekt, Charakter, Schicksal usw. brüchig, schwankend geworden, und ihre Erkrankungen medizinisch-„wissenschaftlich" durch neue Ikonen ersetzt: Transmitter, Neuro-Serotoninspiegel, Mao-Hemmer, Transporter ...

IX

Konjunktur (und bei Klopstock, Schiller, Novalis etc. auch hysterische Überhitzung) erhielt „die Seele" noch einmal in der Goethezeit (zum Kulttext wurden die „Bekenntnisse einer schönen Seele" in Goethes „Wilhelm Meisters Lehrjahre", zur „Bürger-Maria-gloriosa" die todgeweihte Ottilie in Goethes „Wahlverwandtschaften", deren „Seele aus der goldenen Zeit entsprungen" schien – also zu jener Zeit, als deren Bedeutung, semantisch-semiologische Felder sich bereits gleichsam subkutan auflösten, so wie die Natur, die Landschaft erst bei C.D. Friedrich wirklich ins Bild trat, durch Beethovens „Pastorale" in die Musik, also in jener „klassisch-romantischen" epochae, in welcher sie vom „Gestell der Technik" (Heidegger) bzw. dem Biologismus des ‚bloßen' Menschen und der multiplen disziplinarischen Dispositive der Neuzeit (deren Archäologie das Werk Foucaults und Giorgio Agamben galt und gilt) überwältigt bzw. ‚gestellt' wurde.

Tatsächlich kann 1789 auch als faktische Urkunde der „Zerreißung der Seele" (E.T.A. Hoffmann) gelesen werden, deren Sturz in ihre eigne immer potentielle Unendlichkeit, Abgründigkeit, ihr Zerfall in unendliche Partikulare, Partikel, Splitter bereits u.a. das Werk E.T.A. Hoffmanns („Elixiere des Teufels", „Der Sandmann"), Nervals und insbesondere auch Kleists aufzeigt.

X

Seit jener Zeit, 1789, aber gelten auch die Worte des „Tollen Menschen" Nietzsches, unverrückt, unverrückbar bis heute, wohl auch morgen: „Was taten wir, als wir diese Erde von ihrer Sonne losketteten? Wohin bewegt sie sich nun? Wohin bewegen wir uns? Fort von allen Sonnen? ... Stürzen wir nicht fortwährend? Irren wir nicht durch ein unendliches Nichts? ... Ist es nicht kälter geworden? Kommt nicht Nacht und immerfort Nacht? ... Dies ungeheure Ereignis („Gott ist tot. Wir haben ihn getötet!")

ist noch unterwegs und wandert – es ist noch nicht bis zu den Ohren der Menschen gedrungen, Taten brauchen Zeit, auch nachdem sie getan sind ... Diese Tat ist ihnen noch immer ferner als die fernsten Gestirne ..."

XI
An die Stelle, STATT der Seele, traten die griechischen umschleierten, semantisch uneinholbaren medizinischen Wortfelder der Psyche-Psychiatrie, Psychoanalyse-Psychopathologie-Schizophrenie etc.

Die 1895 zum ersten Mal so – problematisch – benannte Psychoanalyse (Analyse = Auflösung) Freuds (eigentlich hebräisch Sigismondo Schlomo Freud, dessen vier Schwestern in Auschwitz ermordet wurden und der seiner Krebserkrankung durch Morphium selbst ein Ende setzte), die ihre poetischen Antizipationen bereits in den erwähnten Texten der Romantik erfahren hatte, war im Grunde noch einmal ein Versuch, die Psyche dem „Gestell" der medizinischen-biologischen-Neurologie, wie sie sich in der Salpetriere Charcots ab 1850 etabliert hatte, zu entreißen und ihr durch den Begriff des (individuellen und bei Jung auch kollektiven, archetypischen) Unbewussten ihr Tiefe, Unendlichkeit zurückzugeben, und in der Formel „Wo ES war soll ICH werden" noch einmal ein konzentriertes Modell zu strukturieren. Jaques Lacan (dessen frühe Sorbonne-Vorlesungen alle hörten: Bataille, Breton Foucault, Leo Strauss, A. Kojeve, Blanchot, Levinas, Sartre, Merleau-Ponty ...) hat in der zweiten Hälfte des letzten Jahrhunderts das freudsche Projekt in Paris neu evoziert und pointiert:

„Ich ist ein Anderer"/ „Das Begehren ist das Begehren des Begehrens."

„Aus Lacans Sicht haben pathologische Strukturen wie Neurosen, Psychosen oder Perversionen die Würde fundamentaler philosophischer Haltungen gegenüber der Realität." (Zisek) Lacan hielt stets an der Sprache, dem unendlichen Sprechen, dem Gespräch als einziger therapeutischer Möglichkeit in einer aporetisch-antinomisch strukturierten Welt fest. Lacan nahm auch noch teil am Diskurs der „Antipsychiatrie" um Cooper, Laing, Deleuze, Guattari, Baselgia, deren Untergang auch jener dieser kurzlebigen „Königsdisziplin der Psychoanalyse" war. In den PDGR kennt kaum einer der ÄrztInnen, geschweige der „Fachkräfte", auch nur diese Namen, wohl kein einziger die Texte …

XII
Eine Assistenzärztin des Waldhauses tritt in eine Liaison mit einem über Monate hospitalisierten Depressions-Patienten. Der zuständige Oberarzt, Dr. Propotnik, weiß von dem Verhältnis. Er schweigt. Die Frau des Patienten liest zufällig dessen Mails. Beide sind knapp dreißig Jahre. Sie haben drei gemeinsame Kinder. In der Folge zerbricht die Ehe, wird geschieden.

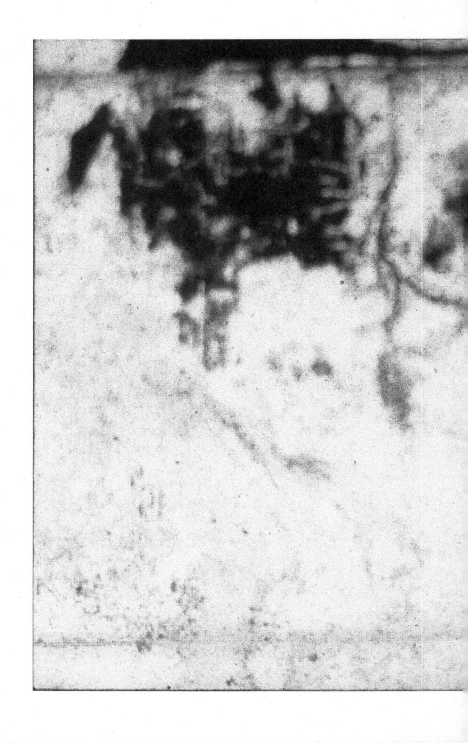

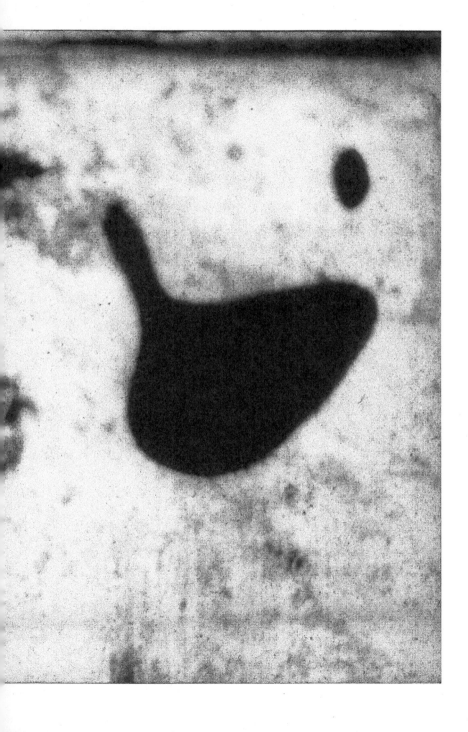

XIII

Um 1970 wurde ich in Heidelberg in einem der Zentren der 68er-Bewegung noch Zeuge der Demonstrationen und Kundgebungen des „Sozialistischen Patientenkollektivs", an welchen manchmal bis zu 500 Menschen teilnahmen. Sartre schrieb ein Begleitwort zu ihrem Grundsatzmanifest. Es kam rasch zu juristischen Kämpfen, Straßenschlachten. Einige Mitglieder des Kollektivs traten später der RAF bei.

XIV

„Der Seele Wege wirst du nie auffinden, so unendlich sind sie." (Heraklit)

Inzwischen tritt täglich von Neuem ein, wovor Karl Jaspers, wohl einer der wenigen unumstrittenen Psychiater, Philosophen des letzten Jahrhunderts, der stets auf dem Unterschied von „wissenschaftlicher Wahrheit" und „existenzialer Wahrheit" beharrte, schon 1930 warnte: die Herrschaft der „Hirnmythologie" (Jaspers), die skelettierte biologisch-neurologische Formation, Formatierung der Psychiatrie. Sie beschränkt sich inzwischen wesentlich – als eine Art Dependance von Novartis, Roche und Co. – auf die Auf- und Aus-schüttung von „Psycho-Pharmaka". Was seit dem weltumklammernden ‚Amerikanismus', also ca. seit 1950, insbesondere aber seit 1989, dem seitdem auftobendem Zyklon der Globalisierung (und ab hier teilt die Psychiatrie die Aporien, Antinomien der Zeit mit Politik, Gesellschaft), vergessen, durchgestrichen, entsorgt wurde, ist nicht nur die „Seele", sondern die jahrtausendealten Anstrengungen, Auseinandersetzungen, Disputationen um das – abendländische – Bild, Wesen des Menschen in Philosophie, Theologie, Kunst, Politik – von Homer über Hölderlin, Nietzsche, Schelling, Heidegger (alle zum Teil langjährige Gäste in Graubünden), unzählbarer anderer, bis heute, jetzt: Agamben, Nancy, Zizek, Lars von Trier, Sofia Gubaidulina, Judith Butler, Helene Cixous ...

... die den je konventionellen gesellschaftlichen Normen, dem „Großen Anderen", wie Lacan Freuds „Über-Ich" radikalisierte, und seiner symbolischen d.h. stets kontingenten, sich verwerfenden Dispositive völlig entgegengesetzte – Arbeit der Genannten (wie Ungenannten), welche an dieser unendlichen, niemals beendbaren Skulptur des Menschen neue Risse, Züge, Schluchten, Kanten, Schärfungen gesehen bzw. geschaffen haben – werden durch den Sog des Biologismus denn zunehmend verdrängt, vernichtet. Doch es ist nicht ausgemacht, wird es nie sein, was ein Mensch *ist*: Sartre: „Der Mensch ist das Wesen, das ist, was es nicht ist, und das nicht ist, was es ist." George Batailles (sowie Klossowskis, Deleuze, Foucaults) Ontologie des Eros, dessen Mitte die „Transgression", die Anerkennung des Aporetischen („Ich kehre dahin zurück, wo ich niemals war") als Existenzial bei Blanchot, Nancy, Derrida wird so wenig zur Kenntnis genommen, wie die uralten Hypostasen Meister Eckharts.

Antonin Artauds (selbst 10 Jahre in Rodez interniert) Verwerfung des gesamten abend- wie morgenländischen Menschenbildes und die Forderung nach seiner Neukonstituierung gehen unter im „todtenstillen Lärm" (Nietzsche). Artaud 1948: „Ich nehme es nicht hin, meinen Körper nicht selbst geschaffen zu haben/und ich hasse und verachte als Feigling jedes Wesen, das hinnimmt zu leben, ohne sich vorher erneuert zu haben ... es gibt noch keine Welt/die Dinge sind noch nicht gemacht/der Sinn des Seins ist noch nicht gefunden ..." Die – ja demokratisch legitimierte, gewünschte – Norm (wörtlich Flucht-Winkel) hat mit ihren Ikonen des Spaßes, Wohlstandes, Demokratie,

Fortschritts bleibt wesentlich unbefragt. Hegel: „Der Geist der Zeit kennt sich selbst nicht."

XV
„UNENDLICH TRAURIG VERSUCHEN WIR DEINEN ENTSCHEID ZU VERSTEHEN". Solche Todesanzeigen finden sich etwa zweiwöchentlich in den Bündner Medien; bekanntlich hat die Schweiz, eines der reichsten Länder, zugleich eine der reichsten Selbstmordquoten weltweit. Dazu Pier Paolo Pasolini, der Dichter, Filmregisseur („Accatone", „Salo") und Friaulianer (also Mitglied der rätoromanischen Sprachfamilie, um welchen die Bündner Romanen selbstredend einen großen Bogen machen) schon 1970: „Es ist klar, dass überflüssige Güter das Leben überflüssig machen."

XVI
Jährlich präsentieren die PDGR ihre Jahresbilanzen in einer vielfarb-glänzenden Broschüre; jedes Jahr ist ein „erfolgreiches, prosperierendes" – muss es auch sein, nachdem der „unternehmerische Handlungsspielraum" der Psychiatrien seit 2002 ständig erweitert wurde und diese in eine „selbstständige Anstalt des kantonalen öffentlichen Rechtes" überführt wurden. Über Heilungsquoten etc. wird nicht referiert; seit kurzem haben die PDGR – in der Folge des skandalösen vom 1.1.2012 gültigen Gesetzes der „leistungsbezogenen Finanzierung" offiziell die Etablierung der Zweiklassenmedizin gefeiert: Eines der alten großen Häuser in Beverin wurde auf den Status eines Vier-Sterne-Hotels „Mentalva" restauriert; es ist ausschließlich Privatpatienten vorbehalten. Kritische Blicke, Recherchen der Politik der selbst nur aus Textformeln, automatischen Sprachstandards formatierten

SO-Monopol-Medien brauchen die PDGR in Graubünden auch aufgrund der „unternehmerischen Selbstverantwortlichkeit" nicht zu befürchten, und das wissen auch alle Verantwortliche der PDGR.

XVII
Zur Zeit meiner Kindheit, Jugend gab es in den Schwarzwalddörfern noch beinahe in jedem, auch dem kleinsten, einen Verrückten. Meist spazierte er an der Dorfdurchgangsstraße entlang. Dort hielt er Reden an Vorbeigehende oder die Bäume. Lange winkte er den Vorbeifahrenden nach. Er war allgemein akzeptiert, denn er trug gleichsam den Irr-Sinn der anderen in sich. In den Städten gab es viele an sich selbst oder die Passanten deklamierende Frauen und Männer. All dies haben nun die Psychopharmaka, Neuroleptika etc. gelöst. Auf dem Weg zum „Betriebssicheren System der Eugenik" (A. Huxley 1946 zu einer Neuauflage seines Romanes „brave new world", 1931), welches gerade durch den neuen, einfachen Trisomie-Test entschiedene „Förderung" erfahren hat.

XVIII
Eines Tages begann ein Freund, sich für einen Heiligen zu halten, und segnete uns alle, jeden, dem er begegnete. Warum auch nicht? Der christliche Inkarnationsgedanke hatte schon Meister Eckhart zu Gedanken geführt wie: „Ich stehe nicht unter Gott, ich stehe in ihm". D.h. die Göttlichkeit ist jedem Menschen immanent. Während gegen einige Sätze Eckharts eine päpstliche Bulle verhängt wurde, wurde der Freund umgehend in die PDGR eingeliefert. Dämmert, döst, schlummert nun 18 Stunden des Tages.

XIX

„Müdigkeit spürte er keine, nur war es ihm manchmal unangenehm, dass er nicht auf dem Kopf gehen konnte ... DAS ALL WAR FÜR IHN IN WUNDEN; er fühlte tiefen, unnennbaren Schmerz davon ..."
(Büchner, „Lenz", 1834)

Tatsächlich führen psychiatrische, auch literarische Lexika (wie auch Wikipedia) Büchners „Lenz" als ein mögliches Beispiel für „Schizophrenie" an, wobei die Psychologen sich der Verlegenheit im Umgang mit diesem Begriff immerhin bewusst sind. Wenn es so etwas wie eine Spaltung des Menschen geben kann, hat sie E.T.A. Hoffmann erzählt. „Lenz" aber ist nichts anderes als eine Radikalisierung des unglücklichen Bewusstseins Hegels, oder der „ewigen Schwermut" Schellings – mythologisch im hebräischen Sündenfall vorgeprägt (die griechische Mythologie kennt keine Unterscheidung normal-krank etc., alles Geschehen der Götter ist „toll"); die Krankheit ist, als ontologische Differenz, Körper wie „Seele", immer potentiell immanent-präsent. Auch hier war es Nietzsche, der den treffendsten Ausdruck für diese existenziale Aporie gefunden hat: „Wer zu den Gründen geht, geht zugrunde ..." Der Wahn-Sinn (der sich als Begriff wörtlich genommen selbst aufhebt, indem Wahn von Wähnen kommt und es in der Welt nie etwas anderes geben wird als ein Wähnen); der Weg Lenz, Hölderlins, Nietzsches, van Goghs, Artauds und unzähliger anderer in den „Wahnsinn" war eine notwendige Konsequenz ihres Wahr-Ernst-Nehmens eben dieses Wähnens und die Verschwendung an dessen Fragen. Die tatsächliche Krankheit, der Zusammenbruch, wie ihn Büchner beschreibt, beginnt tatsächlich dann, wenn selbst das Wähnen, das immer eine Art Glauben ist, Stück für Stück zusammenbricht.

XX

Die Konsequenz dieses Vergessens, Verdrängens, diese Ignoranz, Negation der ganzen abendländischen Geistesgeschichte, Tradition, ist die eigentliche Unfähigkeit – oft schlicht auch Unwilligkeit – fast aller Psychiater der PDGR (und wohl nicht nur dieser) zum Gespräch, zum Zu-Hören und Antwort-Vermögen. Verschlungen vom 1989 endgültig explodierten, implodierten analphabetischen Nihilismus, wie die ganze Gesellschaft (und dort a priori die Politiker, denn es ist unmöglich, wesentliche Werke zu lesen, studieren und sich gleichzeitig in die Banalitäten, Maskierungen, Sprach-Automaten des politischen, medialen Betriebes zu integrieren) sind die Psych-Iater unfähig zu jenem geworden, was ihr Name ursprünglich (griechisch) verheißt: jener, der heilend mit der Seele geht.

XXI

Aus den semantisch wie hermeneutisch-heuristisch zertrümmerten Wortfeldern zieht sich die Psychiatrie zunehmend ganz in den Bereich der Zahlen, Statistiken, ständig fluktuierenden-phosphoreszierenden Zahlen-Ziffern-Dispositive, wie das DSM-ID-Klassifikationssystem (erstmals 1952 vorgestellt, gültig seit „ID 1o" 1992, jährlich aktualisiert) zurück, z.B. wenn S. v. Blumenthal, die Chefärztin der PDGR, (selbst gänzlich desinteressiert an jeder Tradition, dafür zur Esoterik neigend) in einem Interview zum „Burnout" sagt: „Die meisten Patienten mit Burnout haben eine eindeutig diagnostizierte Depression nach ICD-1o Kriterien."

XXII

Die zahlreichen, den Stations-Alltag prägenden „Psychiatrische Fachkräfte" benannten Mitarbeiter der PDGR-

Stationen sind so gut wie unausgebildet, philosophisch, psychologisch, theologisch-kunstgeschichtlich etc. völlig kenntnislos, unbelesen, trotz ihrer Jugendlichkeit und sogar manchmal tatsächlichem Engagement kaum in der Lage, an die „Leer-Stelle" der Psychiater oder der – meist schlicht aus Finanzgründen – fehlenden nichtmedizinischen Psychologen (deren, wie erwähnt, rein positivistische, verhaltens-technisch orientierten Studiengänge allerdings auch nichts Gutes verheißen) zu treten; verwunderlich bleibt, dass sie sich so auf Tablettenreichungen, marionettenhafte Sprachstandards („Sie müssen sich mit sich selbst konfrontieren", „Sie müssen an sich selbst glauben" etc.) beschränken und nicht eigens oder gewerkschaftlich organisieren.

XXIII
Das Elend der Patienten ist oft endlos. Viele werden mit Psychopharmaka weiter ver-sorgt, doch so gut wie niemals mit Gesprächen. Die Seele ist zu einem Objekt der Bio-Neurologie, (des Bündners) Vasellas etc. geworden – die PDGR aber zu einem HAUS OHNE WORTE.

P.S.
„Doch unverständig ist
Das Wünschen vor dem Schicksal.
Die Blindesten aber
Sind Göttersöhne."

(aus Hölderlin, „Der Rhein",1801 während seiner Wanderung in Graubünden zum Hinterrhein geschrieben)

Der Autor begab sich in den letzten vier Jahren zu circa 15 Alkokolentzügen in die PDGR, also die Kantonale Klinik Graubündens (deren Standard, Struktur, Methodik, Organisation der fast aller kantonalen Anstalten in der Schweiz gleicht), die jeweils 10-20 Tage währten; damit einherging eine etwa dreijährige, gescheiterte (ambulante) Gesprächstherapie mit einer Psychiaterin der PDGR. So entstand natürlich auch eine Kenntnis des Kliniklebens, vieler PatientInnen und ihrer Geschichten, vieler ÄrztInnen und Pfleger. Die Station Danis Entzug, die die rein medizinischen Entzüge (Drogen, Alkohol, Tabletten) durchführt, ist aufgrund eben dieser Struktur von den nachfolgenden kritischen Reflexionen ausgeklammert. Die Patienten werden von dort – nach dem medizinischen Entzug – auf eigenen Wunsch auf therapeutische Langzeitstationen innerhalb oder außerhalb des Kantons verlegt. Der erste Aufenthalt des Autors wurde Teil des Buches: Beverin – Menilmontant – Seewis – ein Retabel; auch seine beiden letzten Bücher (Das Unfassbare, Der Name des Sterns aber ist Wermut) nennen immer wieder die beiden Namen, Chiffren: Beverin, Waldhaus)

(Gekürzte Erstveröffentlichung in der WOZ Wochenzeitung Zürich 17.01.2013)

V
DER FLUCH IM PREISBUCH

Alles geschieht nach dem Verhängnis (Heraklit)

ÖFFNER
Pause: Ich öffne.
STIMME leise, keuchend – Geschichte ... könntest du sie beenden ... hättest du
Ruhe ... könntest schlafen ... vorher nicht
(Beckett, „Cascando")

I
Adornos „Philosophie der neuen Musik", von welcher er im Vorwort von 1948, (also in Zeiten, als der Begriff der Kulturindustrie noch ein Findling war) sagte, dass sie „als ein ausgeführter Exkurs zur ‚Dialektik der Aufklärung genommen werden möchte" (und die er 1966 in einer dritten Auflage unverändert vorlegte), kreist um den Begriff des „Materials, welches die geschichtliche Tendenz der Musik selbst in sich trägt, allerdings dergestalt, dass die vom Material ans Subjekt ergehenden Forderungen davon rühren, dass das „Material" selber sedimentierter Geist, ein gesellschaftlich, durchs Bewusstsein vom Menschen hindurch Präformiertes ist ... welches in der Erkenntnis der Bewegungsgesetze des Materials aufzusuchen ist ... dem keineswegs ontologisches Eigenrecht zuzuschreiben ist ... die neuen Mittel der Musik sind aus der immanenten Bewegung der alten hervorgegangen ... Als ihrer selbst vergessene, vormalige Subjektivität hat solcher objekti-

ve Geist des Materials seine eigenen Bewegungsgesetze. Man ist versucht zu sagen, Adorno suche eine Balance zwischen der idealistischen Dialektik Hegels und der materialistischen von Marx, Engels.
Und vielleicht ist auch dort (jenem von Nietzsche wie Genet beschworenen Seil, jener Fluchtlinie) der Ort ihres „Wahrheitsgehaltes" (Walter Benjamin) aufzusuchen. Den „Sachgehalt" (Benjamin) dieser Bewegung verfolgt Adorno wesentlich von Beethoven bis Schönberg und Webern, ca. 1810-1910, also über jenes dramatische Jahrhundert hinweg, in welchem sich die „reißende Zeit" (Hölderlin, 1803 „Anmerkungen zur Antigonae") in einen Zyklon verwandelte, die in ihrer musikalisch-klanglichen Fluchtlinie, „Fuge" über Brahms-Mahler zur Zwölf- Ton-Musik der „Neuen Wiener Schule" führte ... also zur Implosion, die die „wohltemperierte Stimmung", das „tonale Idiom der letzten 350 Jahre" um den „Grundton", seine binären Modi Dur und Moll und seinen, der trinitarischen „Oikonomia" folgenden Drei-Klang auflöste, sprengte. Zu den „Tonkombinationen" der Schönberg-Antipoden Strawinski, der „auftrumpfenden Dürftigkeit Benjamin Brittens", bemerkt Adorno nicht nur, dass jene Klänge veraltet und unzeitgemäß wären, vielmehr: „Sie sind falsch. Sie erfüllen ihre Funktion nicht mehr ... Der fortgeschrittene Stand zeichnet Aufgaben vor, gegenüber dem die traditionellen Klänge als ohnmächtige Klischees sich erweisen ..."
Wahrscheinlich 1913 malte Kandinsky, später der Freund Schönbergs, das „erste" abstrakte Bild: „Jüngstes Gericht, Komposition V", Ouvertüre einer neuen Grammatologie der „Farbsymphonien"; im gleichen Jahr Malewitsch das „Schwarze Quadrat auf weißem Grund", so seinen Bühnenvorhang (1911) für die Oper „Sieg über die Sonne" in die Geschichte des Tafelbildes einfügend; „subprematistisch, alogistisch, kubofuturistisch" in einem ... „Diese

„Abwendung der modernen Malerei von der Gegenständlichkeit bezeichnete den gleichen Bruch wie die Atonalität ... sie war bestimmt von der Defensive gegen die mechanische Kunstware Photographie." So nochmals Adorno, „die Gewalt der gesellschaftlichen Totalität auch in scheinbar abgelegenen Bereichen" suchend und findend ...

II
Es war Gertrude Steins „Zarten Knöpfen" („Tender Buttons") vorbehalten, den wortkubistischen Prolog („Handle so, dass es keine Verwendung für ein Zentrum gibt") und das Satyrsprachspiel („Es ist eine Notwendigkeit es ist eine Notwendigkeit dass eine Blume eine Staatsblume.") im Augen-Blick Kandinskys-Malewitschs (1912-14) zu übernehmen, jenem zudem, der einem Jahrhundert der großen Erzähler, der Prosa – „jener zweideutigen Bewegung, die gleichzeitig in entgegengesetzte Richtungen weist, rückwärts – *vers* – und vorwärts – *pro-vorsa* – Prosa" (Agamben), von Stendhal, Dostojewski, Zola, Flaubert, Tolstoi, Proust, so vieler anderer ... ein gleichsam janusköpfiges Halte-Schild setzte.
Es war allerdings Melvilles Schreiber „Bartleby" gewesen, der schon 1853 eines Tages bemerkt, dass er „heute lieber nicht" schreibe (jenes „I prefer not to do", welches er bis zu seinem Lebensende wiederholen wird) –, so die erzählerische Inversion ankündigt, in der sich die „Gehülfen" Walsers (1904) und Kafkas wiederfinden, die das literarische Material scheinbar unangetastet lassen, jedoch seinen „Gebrauch" (Agamben) dergestalt verändern, dass er, indem er nun „ohne Intention" (Benjamin) ist, jene möglichen neuen Fugen der „Wahrheit" ankündigt ...

III
Jenen Augenblick eines sogenannten „16. Juni 1004 – im Leben Leopold Blooms in Dublin" also auch, diesem hic et nunc, hier und jetzt, das stets zugleich nichts anderes als sein eigenes „Außen", die Hegel'sche „Identität der Nichtidentität mit der Identität", die Aufhebung seiner selbst sein kann – also jenem zweiten Urknall der Schrift – des textum ...
Denn in der Literatur – welche einmal Dichtung hieß – war es Joyce, der 1912-21 in seinem „Ulysses" nicht nur in einer ungeheuren Geste von 18 Kapiteln (dessen letztes in acht interpunktionslosen Sätzen, gleichzeitig also zu den sieben Sätzen des „Tractatus-Logicus Wittgensteins" in den Schützengräben von Mazedonien) das Gewebe Penelopes weiterwebt – die Geister von Telemachos, Kalypso, Proteus, Menelaos, Helena, Cerberus, Sisyphos aus dem Hades wie auf der Terrasse von Helsingör: Hamlet-Claudius-Elias-Aristoteles-Platon-Jesus-Shakespeare wiederkehren lässt, sondern zugleich das ungeheure Material dieser Jahrtausende, ihre Gattungen vom Homerischen Epos über den Dithyrambus, Theater, Lyrik Drama, Roman, Sage, Vers, Lied, Paragraph, Reportage, Drama – welches im 15. Kapitel sich im Bordell Circes um Mitternacht in seiner eigenen Hypo-Stase wieder-erfindet, so wie unter den Augen des „Sonnengottes" im Kapitel 14 die Zeitringe der engl. Sprache von ihren Anfängen bis Oscar Wilde in einer Art plotinischer Emanation noch einmal aufleuchten ... Eine Geste der Synchronizität also, die zugleich jede Gattung, Signifikate in den schon immer unumgehbaren Abgrund der Signifikanten stürzen ließ; die Spanne, „Fuge" – hier im doppelten Sinne des „haltenden Zwischenraums" und deren „Flucht" zu „Finnigans Wake" (1926-39) schließlich brachte die „Literatur", den Text ganz „außer sich" – in

den endlosen Wirbel von Scylla und Charybdis, seiner ihn zuletzt konstituierenden „subatomaren Teilchen" (die allerdings bereits Bachs Partien bildeten, dort ohne den Fluch der Be-deutung, die jedem Wort hartnäckiger anhaftet als die Fliegen dem Muttermörder Orest ...)

IV

Als etwa fünf Dezennien später, in welchen – nach dem „Tikkun", dem „Bruch der Gefäße", den Nietzsches Toller Mensch 1880 von Sils Maria ausgerufen hatte – „Gott die Erde in seiner dunklen Gestalt" aufgesucht hatte, es schließlich Beckett, Joyce früherer „Sekretär" und Freund war, der unter den aufgerissenen Flügeln des Benjamin/Klee'schen „Engel der Geschichte" im nicht mehr endenden Aschenregen dieser Explosion den Trümmer-Toten-Hügel („Weite versengte Grasebene, die sich in der Mitte zu einem kleinen Hügel erhebt ... grelles Licht") seiner „Happy Days" („Es wird wieder ein glücklicher Tag gewesen sein ... Große Gnaden!") erkannte, in welchen sich das Abendland metaphorisiert hatte: stummes Totem oder neuer Eckstein gleichsam, von jedem Tabu seitdem unberührt, ungestört; jenen Nihilismus und Neoanalphabetismus, deren künstlerische Flexion damals, 1963 noch als Avantgarde erschien, flexiert wurde, die sich aber in den letzten Jahrzehnten in ein Salz-Meer verwandelt hat, dem nicht einmal Lot und seine Töchter zu entkommen vermögen (um noch einmal mit Hilfe des Weingottes einen *Menschen* zu zeugen ... Der Prophet ist nicht jener, der voraussagt, sondern jener, der aus dem aufgewirbelten Staub liest; so schrieb Pasolini bereits 1975: „Hier im Lager hat alles seine Ordnung", bis Agamben (der in Pasolinis „Matthäus-Evangelium" den Jünger Phillipus gespielt hatte) das 21. Jahrhundert als jenes nannte, dessen NO-MOS das „Lager" sein werde ...

V
Es gibt nichts mehr zu sagen (Beckett, „Ohio Impromptu")

Becketts Werk, das zwischen 1930-80 selbst noch einmal alle Materialschichten durchquerte – in einer Art großer Gegenbewegung zur Explosion des Ulysses, in die Implosion des wortlosen „Atem" hinein – ist in seiner Fuge-Stufen skandiert, be-gleitet von Werken, Namen wie Ezra Pounds „Pisaner Cantos" 1945, Artauds-Schreien des „Theaters der Grausamkeit" 1948, Batailles „Auge", 1935, Celans „Engführung" 1955, dem nouveau-roman Claude Simons, Blanchots (seit 1960), den Anagrammen Unica Zürns, 1960, den großen Essays Benjamins, Adornos, Derridas ... Engführungen, Fugen, Material-Verwerfungen, die vor etwa zwei Jahrzehnten, seit dem Riss eines sogenannten Eisernen Vorhangs, dem Ende des ideellen Streites, ein abruptes Ende nahmen: so wie die amerikanisch-französische Revolution irreversibel der „Kunst der Fuge" Bachs (deren Ort Mozarts Marzipanmusik übernahm, welche das Unterhaltungszepter seitdem endlos weiterreichte) ebenso ein Ende bereitete wie dem in sich ruhenden Absolutismus (der sich von Aristoteles „unbewegtem Beweger" inthronisiert wähnte), verschlang die „Wende" – 1989 – im Nu eines Leviathan die Idee selbst und ließ nur das tote Meer des totalen Marktes und seiner Monstranzen des Wohlstandes, der Freiheit, happiness zurück ... Aber: „Es ist klar, dass überflüssige Güter das Leben selbst überflüssig machen" (Pasolini, 1968); die westeuropäische Literatur, der die nordamerikanische nach G. Stein nie etwas Bedeutendes beizufügen gewusst hätte, verstummte gleichsam in einem Augenblick und ließ in der Totenstille, dem Bann, der Barrung, des Starrkrampfes, „gegeben November 1989", das unentwegte Rieseln der Konvention, deren deutschsprachige Jahrhundertmotoren Hesse und Thomas Mann – liebevoll weitergestrickt von Martin Walser etc. – waren, umso lauter hervortreten, nun längst evoziert zum Marktgeschrei z.B. eines „Schweizer Literaturpreises"...

VI
Der nun zum vierten Male vom „Verein Literaturfestival Basel in Zusammenarbeit mit dem Schweizer Buchhändler-Verband" vergebene „Schweizer Buchpreis" ist keineswegs ein Generator des literarischen Materials, sondern ein Eiterherd der Konvention; die sogenannte Fünf-Titel-Shortlist, jetzt in den Buchhandlungen direkt auf der Kasse platziert, reduziert sich im Grunde auf eine „Drillingsgeburt": „Aus den Fugen", Alain Claude Sulzer, Ursula Fricker „Außer sich", Sibylle Bergs „Danke für das Leben" – wobei den Büchern der beiden Autorinnen wenigstens menschliches Engagement zu eigen ist, während Sulzer tatsächlich aus allen Fugen ist. Die nominierten Bücher, den Preis als eine Art Rückschleuderermaschine entlarvend, weisen keine einzige Verwerfungen des verkellerten, dürrenmattschen Materials auf, welches die beiden letzten Jahrhunderte Deutschschweizer Literatur konstituiert hatten; sie überspringen das Jahrhundert Joyce und Becketts, als sei das alles nicht geschehen; es wird lammbrav erzählt, mit allen DUDEN-Regeln-Imperativen-Befehlen-Formationen ...
Diesem Drilling hinzugefügt ist die sympathische, wundersam jiddisch-gojische, aber literarisch ebenso bedeutungslose Schelmerei Thomas Meyers „Wolkenbruchs

wunderliche Reise in die Arme einer Schickse" und quasi als ideogrammatisches postscriptum Peter von Matts „Das Kalb vor der Gotthardpost. Zur Literatur und Politik der Schweiz." Dies alles verpackt in schreiende, billigstgraphisch-buntschreiende Sargdeckelimitate, mit Eigenlob ornamentiert ... Matt beklagt zwar matt: „Die Immigrantenkinder verfügen über einen Vorrat an literarischem Stoff, um den sie viele einheimische Autoren beneiden mögen", ohne aber zu realisieren, dass die deutsch-Schweizer Literatur, und ebenso er, die sog. Literaturkritik seit zwei Dezennien im Schach, nun definitiv sich im MATT exhibitioniert; er selbst nun ideologischer Prediger dieser Beerdigung, dessen chorische Armseligkeit an jene einer protestantischen Dorfgemeinde erinnert ... Denn nicht nur ein Eiterherd, sondern auch ein Infektionsherd der Markt-Konvention ist diese nun morgen überreichte Preis-Gabe: In seiner Jury nehmen ausschließlich Vertreter der bestimmenden Medien (z.B. DRS II) Einsitz ...

(Konzipiert für die WOZ, September 2012, nicht veröffentlicht)

VI
EIN LÄCHELN SCHMÜCKT MEINEM VOLK DAS GESICHT
Mnemosyne **für Serbien und Marko Ruzicic**

I
2001 realisierten Marko, der die Gedichte beitrug, und ich zusammen mit dem Fotografen Thomas Stalder den dokumentarischen Essay „Jelenas Geschichte". Jelena ist die Frau seines Bruders Slavko, seine Schwägerin also, deren Mutter im Bürgerkrieg von Ustascha-Leuten ermordet worden war und die damals mit ihren zwei Kindern und Slavko in die Schweiz floh. Als ich Marko damals kennenlernte, erzählte er auch aus seinem Leben im sogenannten Ex-Jugoslawien und stellte mir seine Arbeiten zu einer Chronik über Gnionica und die Geschehnisse im Bürgerkrieg zur Verfügung. Er erzählte auch von seiner Kindheit: Marko wuchs zusammen mit seinen drei Brüdern in einem kleinen Haus ohne Strom und Wasser in Gnionica auf. Sein Vater Ljubo, der im Zweiten Weltkrieg als 17-Jähriger zu den Partisanen ging, war Bauer; sein Vater wiederum hatte im Ersten Weltkrieg noch auf Seiten der österreichisch-ungarischen Monarchie gedient. Ihr kleiner Hof lag ganz am Ende des Dorfes; die Familie pflanzte Mais, Feigen, Pflaumen, Quitten, Wein, Gemüse an. Von klein auf halfen die Brüder bei der Ernte und den täglichen Arbeiten: um fünf Uhr früh, vor der Schule, wurde zunächst Wasser geholt, dann waren bereits die Tiere zu füttern und zu versorgen. Auch das Brot wurde selbst im eigenen Holzofen gebacken. Im Winter musste den ganzen Tag geheizt, im Sommer das Winterholz vorbereitet werden. Wie seine Brüder ging Marko zuerst in die Schule nach Gnionica, dann in die weiterführende Schule nach Odzak: zu Fuß

gingen die Brüder den acht Kilometer weiten Weg nach Odzak, manchmal zwei Mal am Tag, auch im Winter.
Markos Vater, der zunächst Mitglied der Partei Titos gewesen war, bis er wegen der Taufe seines ersten Sohnes Slavko aus der Partei ausgeschlossen wurde, gehörte zu den Ersten in der Posavina, die nach 1969 von der Gastarbeiterregelung zwischen Deutschland, der Schweiz und Jugoslawien Gebrauch machten. 1971 kam er zum ersten Mal als Saisonnier nach Flims in die Schweiz. Später folgten ihm viele Männer von Gnionica und den umliegenden Dörfern, der 17-jährige Marko als einer der Ersten; im Dezember 71 folgte er dem Vater in die Schweiz. Er fuhr die lange Strecke mit dem Zug, alleine. In Chur saß er vor dem Bahnhof und dachte: Hier hat es so hohe Berge, wie soll ich da Geld verdienen … In der nächsten Saison ging er dann mit Jelena und Slavko nach St. Moritz, später nach Domat Ems, Chur, Wädenswil …

II
Inzwischen besuchte ich M. fast jährlich in seinem Haus in Gnionica, das zur Posavina zählt, dem nordöstlichen Ausläufer Bosniens an der Grenze zu Kroatien. Es ist eine Landschaft, die durch die Save und Bosna, die dort in jene mündet, geprägt ist. Flüsse, die ohne Eile in sanften Biegungen dahinströmen, ihre Breite auskostend, das Land mit einem Überfluss an Wasser, Grün und Fruchtbarkeit beschenken, mit einer Überfülle an Geschichte auch, denn immer waren diese Ströme Grenzen der Kulturen und Nationen.
Die Zerstörungen des Krieges – fast kein Haus in Gnionica blieb unverletzt – sind inzwischen weitgehend behoben, die niedergebrannte orthodoxe Kirche wieder aufgebaut. Noch und wieder brennt im Sommer die Sonne über

die Hügel der Umgebung und die Felder um Gnionica, auf welchen die Bäume und Sträucher und die auf ihnen lagernden Schafe oft in völliger Bewegungslosigkeit oder einem fast unmerklichen Zittern zu verweilen scheinen, gleich einem uralten *pneuma* oder *ruach*, das von Osten hereindringt. Die Nacht bewohnen die Grillen und Hunde, sie wachen an dieser Scheide zwischen Ost und West, das Ungesagte ausrufend ... Den Morgen kündigen die Trompeten der Hähne an, ihnen folgen die Violinen der Vögel, das Fagott der Hunde ... Selten ist das langsame Erwachen – wie Erlöschen – der Natur, ihres Geistes, so zu spüren wie hier, in dieser in einer seltsamen Offenheit, einem Offenstehen wie dem *ek-statos* daseienden Landschaft.

III

Markos Gedichte umfassen jenen Zeitraum von 20 Jahren, in dem seine Heimat von dramatischen Ereignissen und Verwerfungen erschüttert wurde: dem Zerfall, der Zerreißung des einst mächtigen Jugoslawien, den folgenden Kriegen in Kroatien, Serbien, Bosnien, aber auch dem Kosovo-Krieg, der Abspaltung Kosovos, der umstrittenen Annäherung an die EU und NATO. Zugleich sind es 20 Jahre weltweiter, nicht weniger dramatischer Mutationen, Wendepunkte. Der Zusammenbruch der sozialistischen Länder markierte auch das Ende der Idee, des ideellen Streites, die Ouvertüre zu einer sogenannten Globalisierung, in Wirklichkeit Neoliberalisierung, Amerikanisierung, orchestriert und begleitet von teletechnologischen Revolutionen (Internet, Digitalisierung etc.) und der Herrschaft des totalen Marktes. Der amerikanische way of live, sein pursuit of hapiness wurde zur weltweiten Maxime, die auch Kants kategorischen Imperativ verblassen ließ, zur Fußnote erniedrigte.

IV

Im Zuge dieser globalisierten Amerikanisierung wurde jegliche Form von Nationalismus gleichermaßen geächtet wie privilegiert. Unzählige Nationen der sozialistischen Imperien entschieden sich zur Eigenstaatlichkeit, zugleich jedoch wurde jeder Begriff des „Nationalen" geächtet. In einem Europa der Europäischen Union, der Globalisierung haben wohl formell noch einzelne Nationen Raum, doch nur unter Preisgabe ihrer kulturellen, geschichtlichen, religiösen Identität. Volk und Heimat, wenngleich schon immer gespaltene Begriffe, sind zu Unworten geworden. Dagegen denkt und schreibt u.a. der Philosoph Giorgio Agamben an: „Wir sollten Europa, nicht als ein unmögliches ‚Europa der Nationen', das über kurz oder lang, wie man bereits erahnt, in die Katastrophe münden wird, sondern als einen aterritorialen oder extraterritorialen Raum betrachten, in dem alle in den europäischen Staaten ansässigen Personen sich in der Situation eines Exodus oder eines Refugiums befänden." Das ‚Böse' hinter Milosevic, Karadizc wurde von der westlichen Hybris fast immer identifiziert als Nationalismus – rituell wird dann auch die große Schuld der „in den nationalistischen Wahn tief verstrickten serbischen Intellektuellen" aufgerechnet; aber auch hier wird der Grenzstreifen der Aporien nicht betreten. Denn auch diese Grenze bleibt immer zwiespältig: wo endet, beginnt, situiert sich ein gesunder, krankhafter, fanatischer Nationalismus, wann? Wo beginnt, endet, findet Identität statt? Das Eigene, das andere? Auch der aufgeklärteste, versöhnungswilligste Schriftsteller, Intellektuelle der ehemaligen jugoslawischen und osteuropäischen Territorien – wie Slavoj Zizek, wie Imre Kertész – kann seine Herkunft, seinen einzigen Ort, seine Voreingenommenheit nicht leugnen, aufheben; auch er kann nur in seinem Namen sprechen. Es gibt hier kein Entkommen.

Nation, Herkunft, der eigene Ort bleiben ein Existenzial – auch im Modus seiner Aufhebung oder Widerrufung.

V

Noch Anfang des 19. Jahrhunderts hatte Hölderlin das „Nationelle", den „Geist der Heimat" in den Mittelpunkt seiner Dichtungen und Reflexionen gestellt, nach dem „Hölderlins Wanderschaft in ihre Ruhe, ins Eigene des hesperischen, d.h. abendländischen eingekehrt ist" (Heidegger):
„Was du suchest, es ist nahe, begegnet dir schon./Aber das Beste, der Fund, der unter des heiligen Friedens/Boden lieget, er ist Jungen und Alten gespart." Zu diesem „Heimkunft" betitelten Gedicht sagte Heidegger später: „Heimkunft ist die Rückkehr in die Nähe zum Ursprung."
In einem Brief an den Freund Böhlendorf sprach Hölderlin diese „Heimkunft" am deutlichsten aus: „Die heimatliche Natur ergreift mich auch umso mächtiger, je mehr ich sie studiere. Das Gewitter ... das Licht in seinem Wirken nationell und als Prinzip und Schicksalsweise bildend, dass uns etwas heilig ist ... und das philosophische Licht um mein Fenster ist jetzt meine Freude."
In der fast gleichzeitig – in Graubünden – entstandenen Rhein-Hymne bestimmt Hölderlin das Nationelle als das Land der Geburt (nasci, natura) wie es als Anfang das Bleibende bestimmt:
„das meiste nämlich/vermag die Geburt,/und der Lichtstrahl, der/dem Neugebornen begegnet."

VI

Wie im Gefolge Hölderlins singt Marko gegen diese Vernichtung des Nationellen an. Gegenstand seiner Lieder

(denn im Serbischen wird der Reim und Klang der Worte zu einem melancholischen Melos, wie P. Valery vom Gedicht sagte: „Das Gedicht – dieses ausgehaltene Zögern zwischen Klang und Sinn") sind die Heimat, die Familie, die Nation, Gott, die Liebe und Ehe, die Nachbarschaft, das Volk: „Ein Lächeln schmückt meinem Volk das Gesicht."
Sie verteidigen und besingen Werte, Überzeugungen, die den westlichen Gesellschaften fremd geworden sind, in denen sie vielleicht nach einem Satz von Benjamin zwar noch „Geltung, aber keine Bedeutung" mehr haben. Sie sind wie Flaschenpost aus einer versunkenen Welt, deren Gedächtnis, in dem sich das Gewesene versammelt, um weiter anzuwesen ...

(Erstveröffentlichung als Nachwort für Marko Lj. Ruzicic, „Gabe - Gedichte in Serbisch und Deutsch", Calven-Verlag Chur, 2009)

VII
MISZELLEN DER PORNO-GRAPHIA

„Ich besorgte mir Sänger und Sängerinnen/und die Lust
jeden Menschen: einen großen Harem"
(Buch Kohelet, 2, 8)

I

*ein großer garten, in der mitte ein kleiner kreisförmiger
teich, in dem sich zahlreiche nackte frauen tummeln, um
den kreis herumreiten dutzende nackter männer, auch einige
frauen, meist in kleine trupps geteilt auf pferden, weißen,
braunen, aber auch anderen tieren (schwein, ziegenbock,
dromedar); dahinter in einem weit größeren teich,
einem see fast, eine blaue kugel, in welcher sich, durch
eine öffnung am unteren rand zu sehen, zahlreiche weitere
nackte befinden, wie auch auf einem sich um diese kugel
schlingenden steg, in dessen mitte ein nacktes paar sich
im kopfstand gegenübersteht; in einem schwimmenden
kahn unweit dieser kugel besteigt gerade ein schwarzer
eine blonde frau, ein weiterer schwarzer versucht ebenfalls
das boot zu erreichen; ein sich umschlingendes paar
schlendert knietief im wasser dem rechten bildrand zu; ein
weiterer mann, auch er kniehoch im wasser, versucht eine
nackte frau zu umarmen, deren langes haar über ihren
ganzen körper hinunterfällt, welcher von den hüften an
in einen fischschwanz übergeht; auch im vordergrund des
bildes sind zahlreiche paare und gruppen nackter männer
und frauen zu sehen; aus einem weiteren teich ragen die
weit geöffneten beine einer frau, zwischen welchen eine
rote kugel liegt, auf der sich zwei reiher niedergelassen
haben, eine frau (oder ein mann?) entnimmt aus dem anus*

eines anderen blumen oder steckt diese dort hinein, der vordergrund des bildes ist fast ausschließlich von schlanken, zartgliedrigen nackten frauen eingenommen, von denen eine zwei große rote früchte auf dem kopf trägt [1]

die frau ist vollkommen nackt, ihr in höhe des halses durch silberne bänder zusammengehaltenes helles, fast goldenes haar fließt entlang ihres linken armes bis über ihr geschlecht hinweg, ihre rechte hand hat sie auf die gleichseitige brust gelegt, während die linke unverhüllt bleibt, ihr kopf ist leicht nach rechts geneigt, während ihr körper fast unmerklich nach links drängt, der blick folgt der neigung des kopfes, er scheint nichts anzusehen, ohne ziel [2]

eine nackte frau flieht durch einen dichten pinienwald, der im hintergrund den blick auf einen großen see oder eine vielleicht von bergketten umgebene meeresbucht freigibt; sie wird verfolgt von einem reiter mit wehendem blutroten mantel auf einem schimmel, sowie einem weißen und einem schwarzen jagdhund, beide feingliedrig wie gazellen, doch scheint sich der weiße bereits in die hüfte der frau verbissen zu haben. das nächste bild zeigt die nackte frau bäuchlings, wie tot, auf dem boden liegend, der ritter kauert über ihr, er hat mit seinem schwert ihren rücken geöffnet und nimmt vielleicht gerade das herz heraus, während die hunde bereits die eingeweide der frau verschlingen. die nächste tafel zeigt dieselbe, nun wieder fliehende, noch, wieder gänzlich unversehrte frau, wieder von dem gleichen ritter und seinen hunden verfolgt; diesmal, wie das nächste bild zeigt, ist die fliehende mitten in ein am ufer jenes sees aufgestelltes bankett geraten, an dem die zahlreichen kostbar gekleideten frauen und männer ent-

setzt aufspringen und von einem der umstürzenden weiß
umhängten tische bereits das tafelgeschirr herabstürzt ³

die frau sitzt auf einem hellen sofa, den hintergrund bildet eine tapete in hellen, leicht wechselnden blauen farbtönen, hinter ihrer linken schulter ein weiteres möbelstück, wahrscheinlich ein schrank, der mit goldfarbigen leisten und schnitzwerk verziert ist; die frau ist nackt bis auf durchsichtige, hautfarbene strümpfe, die kaum von ihrer haut zu unterscheiden sind, und einem bunten band knapp über ihrem bauchnabel, das jedoch ebenso bloßer schmuck ist wie die blumen in ihrem tiefschwarzen haar; ihre hände liegen symmetrisch auf den lenden, ihrer taille, so, dass ihre zeigefinger ihr geschlecht leicht öffnen können; ihre daumen sich über dem wie eine blüte geöffneten und umschlossenen geschlecht, dessen wie knospende klitoris deutlich zu erkennen ist, leicht berühren; ihr schamhaar ist kurz geschnitten, wie eine kleine krone über ihrem geschlecht, ihre brüste sind voll, doch von natürlicher größe und zartheit, der blick ihres leicht nach rechts geneigten und gesenkten kopfes trifft jenen des betrachters, die linse des fotografen wie mit unwiderstehlicher zielgewissheit, die lippen sind leicht geöffnet, als flüsterten sie, hauchten etwas ...

das nächste bild zeigt die frau, deren schöne, ebenmäßige gesichtszüge unverkennbar asiatisch sind, am boden auf einem weißen fell (oder pelzfarbenen teppich?) liegend, mit dem linken ellenbogen abgestützt, so dass die augen des aufgerichteten kopfes auf dem ebenfalls (halb) aufgerichteten oberkörper wiederum direkt den betrachter treffen, die augen nun schmaler, weniger geöffnet, schlitzhaf-

ter, verlangen, hingabe ausdrückend; die beine sind geöffnet, der rechte oberschenkel und das am knie gewinkelte bein, dessen unterschenkel von der unteren bildkante abgeschnitten werden, liegen auf dem teppich, während das rechte bein steil aufgestützt ist; die spitzen des linken zeige- und mittelfingers liegen leicht auf der spitze der rechten brust; die rechte hand umfasst einen adern nachbildenden, gemusterten dildo, dessen spitze von ihrem schoß verborgen ist, in welchen sie ihn eingeführt hat; man sieht nun, dass ihr geschlecht bis auf die kleine schwarze krone völlig rasiert ist [4]

das kino liegt an einer viel befahrenen straße, direkt am ausläufer des sees. von weitem schon kann man acht rote neon-lichtbogen erkennnen, die über dem ersten stock der hausfront verlaufen und an weihnachtsgirlanden erinnern, nach deren vorbild, modell gestaltet zu sein scheinen und weithin, doch dezent, fast innig die nacht durchleuchten. schon beim betreten durch eine sich automatisch öffnende tür schlägt dem besucher, kunden der beißende geruch, hauch des spermas entgegen, das in den etwa zehn meter entfernten kabinen vergossen wird; diese sind nach bezahlung an der kasse, die von einer älteren frau bedient wird, und dem einschieben einer kleinen pappkarte durch eine schleuse, wie man sie auch vom schwimmbad oder anderen sportanlagen kennt, zu erreichen. der kassenvoraum ist gefüllt mit dvd-regalen, über denen zwei bildschirme flimmern, auf welchen entblößte Frauen zu sehen sind; auch ein automat mit getränken und süßigkeiten befindet sich hier; im gang entlang der kabinen sind glasvitrinen in die wand eingelassen, die die aktuellen dvd-produktionen anzeigen, viele bunte hüllen nebeneinander, die ein wenig an adventskalender erinnern, am beginn und am ende des ganges jeweils ein tischchen; an einem hat ein mann mit einer dose bier platz genommen, füllt ein kreuzworträtsel aus, an dem tischchen unmittelbar am eingang zu den sälen sitzt eine frau mit schwarzem kleid, durch welches haut schimmert. über den kabinen zieht sich dieselbe lichterkette, in roter neonschrift, nur viel kleiner, schlanker entlang wie draußen am haus; an zwei drähten aufgehängte kleine weiße lampen erhellen den gang gleißend; die meisten der türen zu den kabinen stehen offen, drinnen flackern werbeprogramme und programmhinweise, mitunter auch filme, die ein gast nach der zahlung offenbar vorzeitig verlassen hat, schon befriedigt; über den besetzten kabinen leuchtet ein rotes licht auf – wie ein alarmzeichen. der schmale gang führt zum eintritt in die drei dunklen kinosäle; man kann, hat man den großen, tür- wie vorhanglosen eingang durchschritten nach rechts oder links biegen, rechts gelangt man zum größten saal, während der linke gang zu zwei etwas kleineren hinzieht; über den breiten leinwänden, wie an den wänden und neben den eingängen sind kleine grüne schilder angebracht, auf denen EXIT zu lesen ist und die von einem flüchtenden männchen illustriert sind; alle drei säle sind miteinander verbunden; sie bilden als ganzes ein großes rechteck, das drei trennwände enthält, die jedoch an beiden seiten einen durchgang zum je nächsten saal gewähren; an der decke und den wänden sind große, steinerne rundbogen zu erkennen, die wiederum jenen roten lichterbogen draußen gleichen – handelt es sich um einen ehemaligen kirchlichen raum oder jenen einer sekte, freikirche? in welchem nun eine andere, unentwegte messe stattfindet? der erste, rechts gelegene große raum ist in weiß gehalten, vielleicht der ursprünglichen farbe, während die wände des zweiten grau, jene des dritten schwarz-rot gestrichen sind; zwei leinwände sind an den beiden trennwänden befestigt, an der oberen an beiden seiten, so dass sich die zuschauer gegenübersitzen würden, könnten sie sich sehen, die dritte, in derselben flucht wie die zweite; alle drei räume sind durch lichterketten an den wänden verbunden, fast auf bodenhöhe, wie ein ariadnefaden, aber auch an weihnachtsgirlanden erinnernd. die männer sitzen verstreut, gleichsam in einem unsichtbaren zelt, kokon ihrer anonymität in den tiefen, je nach saal in verschiedenen farben gepolsterten sitzen, ohne jede regung, wie erstarrt, sie sind im dunkeln erdfarbenen mumien gleich, kaum auszumachen, sie könnten tot sein – wie tiere in der steppe liegen sie mehr in ihren sesseln, als dass sie sie besetzten, nichts deutet darauf hin, was sie sehen oder empfinden, obwohl sie alle das gleiche teilen, doch je ihr geschlecht vereinzelt sie; fast ebenso viele sieht man die gänge auf und ab gehen: wenn sich so mehrere männer folgen, entsteht der eindruck einer sich langsam, aber zielsicher bewegenden lautlosen prozession, denn die böden sind mit dichtem filz ausgelegt, wie das in jedem kino geschieht; der rundgang an den wänden entlang um alle drei säle herum beträgt gewiss nicht weniger als siebzig meter; hinter dem gang, der den großen saal umschließt, befindet sich eine weitere reihe mit kabinen wie auch die toiletten, zwei dieser kabinen sind doppelt so groß wie die anderen und bieten paaren oder sogar drei personen platz; auf allen drei leinwänden sind fast ausschließlich nackte körper zu sehen, so dass diese farbe, bronzen, die an das goldene anzugrenzen vermag, wie in alten gemälden, etwas vom goldgrund der alten ikonen oder der malerei duccios enthält; sie kontrastieren hart mit dem dunkel des raumes, der neben jenem ariadnefaden nur von schwachem rot kleiner lämpchen an den pfeilern aufgehellt wird. es sind also die leinwande, die die räume als ganzes dominieren, sie messen etwa sechs mal drei meter, so dass die leiber lebensgroß erscheinen, bei nahaufnahmen die gesichter oder geschlechtsorgane verdoppelt oder sogar vielfach vergrößert sind, wie ikonen; lautlose unruhe füllt die säle, in denen die männer je nachdem stehen bleiben, weitergehen oder sich setzen, während andere aufstehen; durch das schwache licht bilden sich in der mitte der zuschauerreihen und an den oberen rändern zonen, schwarze löcher fast, vollständiger dunkelheit, in diesen zonen trifft man auf frauen, deren handtäschchen wie ausweise an ihren handgelenken baumeln, so dass die szene auch ein wenig von einer jahrmarktsmesse erhält, auf welcher schlemmereien angeboten werden und die den kunden leise ein „komm" oder „blasen ... ficken" zurufen, zuflüstern oder auch an den arm, die schulter, das geschlecht des vorbeipromenierenden gastes greifen, ihn zu einem akt in eben einer der beiden oben geschilderten großen kabinen auffordern, vor denen mitunter schon wartende stehen, wie schatten im hades, niemand spricht, hier gibt es keine sprache, außer mitunter lauten, worten, die von den monitoren der leinwand herkommen, doch überwiegt ein leises keuchen wie versprechungen, verheißungen nie gesehener dinge, das dennoch laut genug ist, um alle drei säle zu umspülen, von einem bild zum anderen zu ziehen; der gast folgt einer frau in einem hellblauen, ärmellosen kleid, nachdem sie im dunkeln kurz den preis und die leistung abgesprochen haben („100 sfr", aber sie akzeptiert auch siebzig, nachdem der gast ihr sagt, dass er nicht mehr bei sich habe für „blasen und ficken"; er fragt nach ihrem namen und ihrer herkunft. „mary", sagt sie, „von spanien", sie fordert den gast auf, münzen einzuwerfen, um die programme in gang zu setzen, dann mich auszukleiden, oder zumindest das geschlecht zu entblößen, sie wischt es zunächst mit einem parfümierten tüchlein ab, zieht dann ein kondom darüber; das kleid lässt sie in einer raschen bewegung nach unten fallen, so dass sie nun völlig nackt dasteht, dann reibt sie ein wenig gel in ihr geschlecht, wozu sie ihre beine ein wenig öffnet, bückt sich nieder und nimmt das vom kondom umhüllte geschlecht in ihren mund

zwei frauen sitzen, kauern auf liegestühlen in weißem bzw. rotem bikini vor der veranda eines zweistöckigen hauses, das je nach blick oder perspektive sowohl einem reihenhaus wie einer villa ähnelt; sie cremen, reiben sich ein, dann gehen sie in den darunterliegenden großzügigen park oder garten hinab, der durch eine große, wohl längere zeit nicht gemähte rasenfläche dominiert wird, die an den rändern in büsche und strauchwerk übergeht, und so im ganzen etwas von freier natur, fast wildnis an sich hat; sie ziehen auf der treppe ihre schuhe aus, die dort achtlos liegen bleiben, gehen auf eine große schwarze liege zu, die beiden platz bietet, ihnen folgen etwa 20 bis 30 männer, einem rudel gleich, die ebenfalls auf der treppe ihre hemden oder andere kleidungsstücke achtlos in das strauchwerk entlang der treppe werfen; dann versammeln sie sich mit entblößten, diese sogleich reibenden geschlechtern um die liege und die beiden nun bis auf eine art hochgeschobenen rock der jüngeren nackten frauen, die kamera zeigt, wie diese einen phallus in den mund nimmt, einen anderen in die hand. die männer tragen zu einem teil halbgesichtsmasken, die die augen verdecken, fasnachtsmasken ähnlich, in verschiedenen farben, rot, weiß, blau, schwarz, manche sind gänzlich nackt, doch die mehrzahl trägt noch ein hemd, eine mütze, einen slip oder auch volle kleidung, aus der sie ihr geschlecht herausnehmen; ebenso haben fast alle schuhwerk, sandalen oder turnschuhe sowie armbanduhren, mit verschiedenfarbigen bändern um ihre handgelenke; alles ist still, nur das keuchen der frau, leises gestöhn, gespielt oder echt, ist zu hören, doch handelt es sich zweifellos um originalton, der auch das rauschen des windes überträgt; die eine frau ist vielleicht brasilianischer, jedenfalls nicht europäischer herkunft, mit blonden, an den wurzeln jedoch schwarzen, offenen haaren; sie ist vielleicht etwas älter als ihre gefährtin, deren braunes haar durch ein gelbes band zusammengebunden ist und die zweifellos mitteleuropäischer nation ist; die meisten männer sind fortgeschrittenen alters, mit dicken bäuchen, keine professionellen darsteller, gegenteilig zu den beiden frauen, sondern amateure, selbst konsumenten; während die dunkelhaarige frau fast kein wort spricht, flüstert die brasilianerin immer wieder dem einen oder anderen mann zu: komm, steck ihn rein und anderes, mein mund ist offen für alles; die erste ejakulation erfolgt bald, der zahllose weitere folgen, meist auf die gesichter der beiden frauen, manchmal auch auf ihre brüste oder schultern oder ihr geschlecht und anus; das bild ist bestimmt von dem beständigen zittern, der rhythmischen bewegung der ihre geschlechter reibenden männer, die mitunter fast betäubt wirken, wie im halbschlaf, und der penetrierten frauen; alle ohne kondome; die weißen flecken auf der matratze und die feuchtigkeit zu der jene sich auflösen, versickern, in der großen schwarzen fläche; inzwischen liegen die beiden frauen jedoch auf zwei weiteren kleineren, durch eine distanz von vielleicht zwanzig meter getrennten, ebenso schwarzen matratzen; das bild zeigt überwiegend die dunkelhaarige frau, die um ihren hals ein amulett trägt und sich, wenn nicht die bildschnitte trügen, bis zur erschöpfung verausgabt, beständig dringt eine neuer mann in sie ein, von hinten oder vorne, während sie gleichzeitig einen oder zwei andere männer mit ihrer hand oder ihren lippen befriedigt, ihre stellung beständig ändernd; mitunter kniet der kameramann offenbar auf dem boden, so dass er das geschehen, das penetrierte geschlecht über ihm aus die-

ser perspektive zeigen kann; die anderen männer, jene, die nicht, nicht mehr oder noch nicht an der reihe sind, schauen zu, ohne jede sichtliche regung, nur ihre geschlechter reibend; einmal sieht man im hintergrund zwei männer, die einige worte wechseln, man sieht auch jene, die befriedigt sind und nun zum haus zurückkehren oder auch sich in den büschen verlieren; ein mann mit rotem t-shirt sitzt bewegungslos auf einem stuhl; dann ein überraschender schnitt, offenbar wird speis und trank gereicht; ein bierfass kommt ins bild, eine grillplatte, später eine zweite, essende, zufriedene gesichter, doch der nächste schnitt wirft unmittelbar wieder ins vorige geschehen zurück; nun dringt ein mann in die dunkelhaarige frau ein, der ein rotes badetuch über die schultern geworfen hat, nach ihm ein weiterer, der eine schwarze kopfmaske trägt, die nur seine augen freilässt, wieder hält eine anderer mann sein tropfendes geschlecht über die augen der frau; die dunkelhaarige frau trägt eine tätowierung am unteren band ihres rückens, die eine blume darstellen kann, aber vielleicht auch eine spinne; erscheint die andere gruppe um die brasilianische frau, auf deren linke hüfte ein chinesisches zeichen eintätowiert ist, im hintergrund, ist zunächst nicht zu erkennen, was hier und ob hier etwas geschieht, denn die frau ist durch die sie umgebenden männer nicht zu sehen; doch die geneigten köpfe der gruppen verraten, dass dort etwas geschehen muss, vielleicht ein opfer; alles bleibt still, wie bei einer verschwörung, nur hört man außer den beiden frauen manchmal das gekeuche, die anstrengung der älteren männer; manchmal sieht man im hintergrund auch das zweistöckige haus, auf dessen balkon sich verschiedene personen aufhalten, auch frauen, die sich zu unterhalten scheinen, manchmal auch der szene zusehen, ohne jede regung, erkennbares interesse, neben, zwischen ihnen gelbe sonnenschirme; jetzt, gerade als im hintergrund eine polizei- oder ambulanzsirene zu hören ist, mischt sich plötzlich eine wesentlich ältere frau in das geschehen ein, zunächst in einem tigerfarbigem bikini und mit einer schwarzen binde um die augen, die von ihren silbern getönten haaren umweht wird, sie scheint ungespielte leidenschaft zu empfinden, schreit mit wie von schmerz verzogenem gesicht, reißt die männer zu sich, deren ordnung sich nun mehr und mehr auflöst; sie halten bierdosen in den händen, plötzlich hört man sie reden, lachen, nun stehen die meisten um die beiden grillplatten herum, der wind wird lauter, man glaubt das rauschen eines flusses oder jenes ferner züge zu hören, während die frau sich windet [5]

Die Frau, eine asiatische Frau, eher, fast noch, ein Mädchen, jedenfalls sehr jung, ist knapp oberhalb ihres Geschlechtes vom Bildrand getrennt, dieses so nicht zu sehen, doch streckt sie ihre linke, sich rhythmisch bewegende Hand dorthin, sinnliche Brüste, mit großen schwarzen Punkten, leicht fallend, gleitend (wie eine Sprungschanze...) mit der anderen, der rechten Hand hält sie sich an einer Eisenstange fest, vertikal neben ihr, parallel zu einer zweiten, ihr Gesicht wie gezeichnet, gekrümmt von einem Ausdruck der Angst? (Vor der Kamera?) Klage? Des Gebetes? Der Beschwörung? Anstrengung? Den Kopf, Nacken im gleichen schnellen Rhythmus drehend, über der Stirn Strähnen, als löse sich das im Nacken zusammengebundene Haar, die Lippen leicht geöffnet, als flüstere, spreche sie etwas: als sage sie immer das gleiche Wort; hinter ihrem Kopf Licht, ein Fenster?, jedenfalls eine Art gelbe Fläche, der weitere Hintergrund, eine Mauer? Tapete? hellblau... dies alles endlos, gebannt, gebarrt in dieser Geste, Bewegung, Griff der Hand, dem Senken des Kopfes, dieser Demut, dieser

Verzweiflung, Begierde – in den folgenden Tagen, bis auf den Befehl Stopp Japan 644 die MMS abbrachen, weitere Bilder, sich steigernd, offenbar einer bestimmten Dramaturgie folgend: der Mund, die Lippen, Zunge, Nase einer Frau, die ein männliches Glied kostet, vorsichtig, zärtlich?, die Spitze, Eichel, als habe sie dort etwas gefunden, wieder die Strähnen des Haares, die neben dem Geschlecht des Mannes herabhängen, wie Zweige, ihn berühren – die Augen ausgeblendet, aber sie sind da.

das erste bild zeigt eine frau, in einem nicht näher bestimmbaren raum mit einem schwarzen sofa stehend, in gelbem ärmellosem t-shirt und einem gestreiften rock, der bis knapp über die knie reicht, hohen schwarzen schuhen, umgeben von drei männern, einer vor ihnen küsst ihre hand; die nächste fotografie zeigt sie auf diesem sofa liegend, nur noch mit strapsen und dem nun über dem bauch zusammengerafften rock bekleidet, mit der linken hand hält sie den pallus eines dieser männer, der nun ganz nackt scheint, in der hand, während ein anderer, der noch sein kariertes weiß-blaues hemd trägt ihre brust küsst, der dritte, von dem nur das gesicht zu sehen ist, mit seiner zunge ihr geschlecht berührt; das nächst bild, eine nahaufnahme, zeigt, wie die zunge der frau ein männliches geschlecht küsst, sie trägt plötzlich ein goldenes t-shirt, das ihren hals rahmt wie ein geschmeide oder eine kette, dann sieht man die frau auf dem sofa liegen, hinter ihr eine rote wand, an der ein vom rand der fotografie angeschnittenes bild hängt, in ihren mund hat sie den phallus eines der männer, jenes mit dem karierten hemd, aufgenommen, der aus dessen geöffneten jeans heraussteht, während das glied eines der anderen männer in ihr geschlecht eingedrungen ist; nun kniet sie auf jenem mann mit dem karier-

ten hemd, der seinen mittelfinger in ihren anus geschoben hat, während ihr geschlecht, weit geöffnet, dem betrachter entgegensteht, davor ein wartendes glied; mit beiden händen hält sie nun das geschlecht der beiden anderen männer, deren einer nun ganz nackt zu sein scheint, während der andere noch, jener, der im ersten bild ihre hand küsste, einen orangenen sommerpullover trägt, ihr kopf und ihre langen blonden haare verdecken nun das bild an der roten wand; das nächste bild zeigt ihren körper, sie nach vorne, zum betrachter gewendet, der phallus des mannes ist in ihren anus eingedrungen, über dem sich ihr geschelcht wie eine knospe erhebt, ihr mund steht offen, in unmittelbarer nähe zu den phalli der beiden anderen männer, wobei man nun erkennt, dass der dritte noch sein t-shirt trägt, jetzt berührt sie mit ihrer zunge den phallus des links stehenden mannes, während jener mit dem karierten hemd, der am linken arm eine große, offenbar teure armbanduhr trägt, den seinen an ihre wange legt; hinter den blonden, in der mitte gescheitelten offenen haaren der frau sind nun plötzlich große grüne blätter zu sehen, die mit der roten wand heftig kontrastieren; nun hat die frau die stellung gewechselt und kniet auf der sitzfläche des sofas, in dessen rechter ecke der mann mit dem weißen hemd sitzt, wärend jener mit dem karierten hemd an seinem ende steht, dessen phallus hält sie an seiner wurzel mit ihrer rechten Hand umschlossen, deren zeige- und ringfinger je einen schmalen ring tragen, auf ihrem rechten oberarm ist eine dezente tätowierung zu erkennen, ein geflochtenes, sich in der mitte zu einem kleinen kubus verdichtendes band; nun ist der mann mit dem orangenen t-shirt von hinten in sie eingedrungen, doch schneidet die fotografie sein gesicht ebenso wie das des stehenden mannes ab, während jenes des sitzenden mannes durch das gesicht der frau verdeckt wird, die nun mit geschlossenen augen und einer weit vor-

gestreckten zunge die spitze seines phallus berührt; drei weitere, aber kleinformatige bilder zeigen nun, wie die frau, immer noch mit geschlossenen augen, die phalli der drei männer tief in ihren mund aufnimmt; dann wechselt die perspektive wieder, der fotograf steht nun offensichtlich hinter dem sofa, in dessen mitte die frau nun mit weit geöffneten beinen liegt, so dass ihr kopf über die vordere kante hinausragt, und beinahe auf dem weißen fliesenboden, in rechteckigen quadern gefasst, zu liegen kommt; der phallus des mannes mit dem karierten hemd steckt in ihrem anus, die beiden anderen glieder hält sie in höhe ihrer nun weit aufgerissenen augen; das folgende bild zeigt sie kniend auf dem mann mit dem karierten hemd, dessen uhr nun so nahe beim betrachter ist, dass die zeit erkennbar wird, es ist 14.35 uhr; sein phallus ist in ihren schoß eingedrungen, jener des mannes mit dem weißen hemd, das er nun aber abgeworfen zu haben scheint, in ihren anus; der mund der frau ist jetzt weit geöffnet, als stöhne oder schreie sie, die augen geschlossen; wieder wechselt die perspektive: das gesicht der doppelt penetrierten frau, die nun auf dem mann mit dem orangenen hemd sitzt, ist direkt vor dem gemälde an der roten wand plaziert, mit ihren lippen umschließt sie den phallus des dritten, nun also gänzlich nackten mannes, so dass dessen eichel noch halb sichtbar ist; dann in großformatiger nahaufnahme anus und geschlecht der frau, über welche der samen eines der drei phalli fließt, an dessen von zahllosen linien, adern gemusterten spitze noch tropfen heften, das letzte bild zeigt die frau wieder seitlich auf dem sofa kniend, nun sind auch ihr gesicht und ihr rücken von sperma befleckt, umspült, umkost [6] *die frau steht inmitten eines waldes, hält sich an einem baum fest, ihr hemd, pullover ist nach oben bis über die linke schulter verschoben, genauso wie ihre hose bis knapp über die knie, so dass ihr anus die mitte des bildes einnimmt, von roten rutenstreichen gezeichnet, neben einem großen muttermal am oberen ende der linken arschbacke; geschlagen, gezeichnet, gezüchtigt wie von dieser natur um sie herum, alleine* [7]

zwei reiter sprengen, in großer eile – warum aber nur? – vorbei an einer weide mit schafen, alle in der mittagssonne liegend, jedoch so, dass sie auch kadaver sein könnten, vom hirten als einziger vertikale überragt, wie es scheint einem kleinen dorf zu, eher einem weiler, denn es sind nicht mehr als sechs, allerdings meist große häuser zu sehen und deren kirche für diese kleine zahl von menschen geradezu maßlos erscheint und das an einem teich liegt, der schon fast die größe eines sees hat, und ebenso an ein kleines wäldchen angrenzt; die flache, nur nach links leicht ansteigende landschaft hinter dem dorf verschwimmt in blauem dunst, deren anhöhe durch die FRAU verdeckt wird, dann zur mitte des bildes wieder abfällt, aber zugleich am horizont den blick auf einen weit höheren berg freigibt, der symmetrisch nach beiden seiten abfällt. die FRAU ist nackt, bis auf ein tuch, das locker über ihrer linken hüfte und ihrem rechten oberschenkel liegt und über ihrem so verdeckten geschlecht leicht geknotet, zusammengebunden ist, sie sitzt auf einem mächtigen, purpurroten tuch, das über ihre rechte schulter herab bis zu ihren füßen fällt und das ein windstoß so weit aufbauscht, dass seine spitzen bis unter die ausgestreckte linke hand reichen . in der linken, bis in die höhe ihres von blonden locken gerahmten hauptes erhobenen hand hält die FRAU eine schale, vielleicht ein weihrauchgefäß, vielleicht aber auch ein licht, aus welchem jedoch kein rauch aufsteigt, so dass der blick auf den mit sanften weißen wolken umspielten himmel am horizont ungebrochen bleibt. eine feine, leicht gedrehte strähne ihres haares fällt über die linke schulter bis fast in die mitte ihrer beiden vollen, großen brüste; kopf und blick sind, wie ihr oberkörper, leicht nach unten geneigt nach rechts gewendet, vielleicht auf eine große schale zu, die in der mitte des brunnens auf dessen breitem rand steht, doch ist ihr blick mehr in sich selbst zurückgenommen, fast nachdenklich und auch von seltsamer ergebenheit; mit der rechten hand stützt sich die FRAU, deren füße sanft übereinandergeschlagen sind, so dass der rechte durch das rote tuch verborgen wird auf den rand des brunnens, dessen vordere seite ein fries darstellt, in der mitte durch einen rosenbusch leicht verdeckt, der ganz offenbar eine dramatische szene zeigt; links ist ein pferd zu sehen, von dem, wie es scheint, gerade ein knabe von einem mann heruntergezogen wurde, wohl derselbe knabe, der weiter rechts, nun am boden liegend, von einem weiteren – oder demselben? – mann geschlagen, gezüchtigt, wenn nicht getötet wird; zwei weitere figuren, deren geschlecht nicht zu erkennen ist – sind es kinder? – halten einen pfahl, der auch als marterpfahl erscheinen kann. Die ANDERE FRAU sitzt am ende des frieses – eben dort, wo der knabe von dem pferd geworfen wurde, oder wird er vielmehr eben daraufgehoben? –, sie sitzt leicht nach rechts gewendet, also der anderen FRAU zu, so dass ihr sehr reiches weißes kleid, mit leichtem grünton über das offenbar weit nach außen abgestützte rechte bein fällt – und bis zu ihren mit beinahe genau den gleichen blonden, jedoch mit einem band, das auch ein efeukranz sein könnte, zusammengehaltenen haaren, eine unübersehbare diagonale bildet; der blick ihres durch diese diagonale leicht geneigten hauptes ist zum betrachter gewendet, jedoch ohne ihn offenbar anzusehen, zu meinen, also in ähnlicher ruhe wie jener der anderen FRAU; die linke hand liegt leicht auf jener kostbaren, großen, goldgerandeten schwarzen schüssel auf, deren inhalt nicht zu erkennen ist, doch könnten es weiße blüten sein; an beiden händen trägt sie handschuhe, die offenbar aus feinstem leder gearbeitet sind, der handschuh der rechten hand geht in ein rotes armkleid über – fast im selben rotton wie der vom wind zurückgeworfene umhang der ANDEREN FRAU –, über welches ab dem ellenbogen das weiße kleid fällt; so wie also das weiße lendentuch der rechts sitzenden FRAU mit dem weiß des kleides der links ruhenden FRAU korrespondiert, so diese beiden rotfarben; die hand ihres rotgewandeten armes ruht auf dem linken knie der FRAU und umfasst ein kleines dunkles blattwerk, das ebenso efeu sein könnte; das durch einen mit einer goldenen schnalle zusammengehaltene kleid schließt unmittelbar über ihren brüsten, so dass die obere nackte brusthälfte, hals und schulteransatz mit der nacktheit der ANDEREN FRAU korrespondieren; zwischen den beiden frauen ist ein nackter, ebenfalls blondgelockter knabe zu sehen, der sich von der hinteren seite des brunnens hinunterbeugt und seinen rechten arm spielerisch ins wasser taucht; hinter ihm erhebt sich ein mächtiger baum (ahorn?), dessen dunkle blätter die goldfabene haut des knaben umso deutlicher hervorheben; links von der FRAU mit dem prächtigen weißen kleid steigt die landschaft in braunem, fast vegetationslosem hügelland, auf welchem nicht weit von der FRAU entfernt zwei hasen zu erkennen sind, wieder an, die obere linke bildecke ist besetzt durch einen weiteren weiler, der jedoch statt von einer kirche von einem mächtigen rundturm überhöht wird, auch hier sprengt ein reiter – wie es scheint, in höchster eile – auf einem schimmel einem geöffneten tor zu [8]

II EXKURS

I

Zumindest kaum ein Mann wird sagen können, dass die *porno-graphia* bei ihm keine Affekte errege, dass sie ihn nicht in Unruhe versetze, in eine bestimmte und heftige Schwankung; da sie tatsächlich in das Innerste trifft, nämlich das *genos*, gibt es kein Über-ihr-Stehen; ihre Faszination oder ihre tatsächliche oder vorgegebene negative Affektion ist, wie zwiespältig auch immer, unleugbar; es gilt diese Blendung zu verstehen; verstehbar wird sie nicht nur vor dem ungeheuren Schisma, welches das Abendland zwischen dem bekleideten und dem nackten Körper errichtet hat (niemals aber vermag der bekleidete Körper von seinem Ursprung in der Zeugung zu sprechen, kaum etwas von dem Verlangen, Begehren, welches nicht nur jenes des Geschlechtes ist, auszudrücken), sondern von jener ursprünglichen Transzendierung her, die dem Geschlechtsakt innewohnt, jenem ursprünglichen *ekstatos*: nur die Vereinigung der Geschlechtsorgane gibt ein Bild diesseits des Sündenfalls oder des wiedergefundenen Glücks. Was nicht nur die pornographische Phantasie, sondern ebenso das Denken erregt, ist das Dreieck, das schmale Dreieck des heute meist haarlosen weiblichen Geschlechts, wie ebenso das Dreieck der geöffneten Beine, dessen Spitze oder Fluchtpunkt das Geschlecht oder der Anus ist, jener Ort also, wo in der ägyptischen Mythologie das Auge liegt. Das Kontinuum und die unberuhigbare Mitte des pornographischen Bildes sind dieser geöffnete, aufgerissenen Schoß und die Eindringung des Phallus in diesen bzw. den Anus.

Die Öffnung der Geschlechtsorgane erinnert aber auch an die ursprüngliche Symmetrie des *corpus* (wie in Leonardos berühmter Quadratur des Kreises). Tatsächlich bildet das tausendfach reproduzierte Bild des männlichen Geschlechts in der Vulva oder dem Anus der Frau mit ihren beiden Schenkeln das Bild einer seltsamen Trinität, das offene Geschlecht aber ist das Offene selbst, wie das Eindringen des Phallus das Eindringen in die Welt, ihren *corpus* selbst; dies sind gleichsam die beiden „Transzendentalien" der *porno-graphia*, dieser endlosen, stets neu geschriebenen Schrift: zwei Schenkel um eine Mitte und einen dort eindringenden Phallus, oder das Bild der auf diese Dreiheit wartenden Öffnung, Erfüllung. Die Öffnung aber ist jene einer gefalteten Rose, also einer vielfältigen Öffnung, die dieses Eindringen erwartet, ohne dabei von ihrer Macht, ihrem Glanz zu verlieren.

II

Susan Sontags Essay „Die pornographische Phantasie" (1967), der erste wesentliche und hochdifferenzierte Text über Pornographie, ist vor allem ein Versuch, die literarische Gattung der Pornographie als solcher zu etablieren, ihre Anerkennung als Literatur einzufordern. „Unter literarischer Gattung verstehe ich dabei eine Gruppe verwandter Werke, die einer als Kunst betrachteten Literatur angehören und den unveräußerlichen Normen künstlerischer Qualität entsprechen." Sontags Intention ist es, diese insbesondere im Werk Batailles („Madame Edwarda" und „Histoire de l'oeil") und der „Histoire de O" aufzuzeigen, deren Autorschaft (unter dem Pseudonym Pauline Reage) damals noch unbekannt war. Insbesondere in ihren äußerst dichten Ausführungen zu diesem Werk weist Sontag nach, dass die pornographische Phantasie ihren eigenen „Zugang zur Wahrheit" hat, der sie in die Nähe eines „mystischen Werkes" rückt, indem es in beiden Gattungen um

den Status des Ichs, des Subjektes geht. In der „Histoire de O" wird der Versuch einer vollkommenen Transzendierung des Begriffs der Persönlichkeit unternommen: Die Frau, der kein anderer Name gegeben wird als O, geht als menschliches Wesen ihrer Auslöschung, als geschlechtliches Wesen ihrer Erfüllung entgegen.
Was die Autorin zu Beginn des Essays festhält (in welchem sie immer wieder auf die Affinität der pornographischen Literatur mit jener der *Science Fiction* hinweist, die sich das Imaginäre und das *phantasma* gleichsam teilen): „Als gesellschaftliche und psychologische Phänomene betrachtet haben alle pornographischen Erzeugnisse den gleichen Status: sie sind Dokumente", erfüllt sich natürlich auch an Sontags Essay selbst, der notwendig auch ein Dokument über den Stand der *porno-graphia* um die 60er Jahre des vorigen Jahrhunderts ist, als die *Pornographie meist noch als der Niederschlag der Phantasien eines infantilen Geschlechtslebens betrachtet* wurde. Sontags kritische Analyse gilt ausschließlich dem pornographischen Buch, Text, der seit den libertinistischen Lohnarbeiten des 18. Jahrhunderts den erotischen Konsum konstituierte und dominierte. So wird die biopolitische Explosion (der *gender*-Diskurs, Homosexuellen-Ehe etc.) seitdem, wie auch die Explosion des pornographischen BILDES, das nirgends in den Focus der Autorin gerät (geraten kann) in diesen ca. 40 Jahren umso markanter. Dass die Fortpflanzung nicht mehr an den sexuellen Akt gebunden ist, musste das ganze Dispositiv der Sexualität verändern und wird es in Zukunft in weit dramatischerer Weise tun. [9]
Seit Sontags Essay ist die „pornographische Phantasie" durch die neuen Medientechnologien vom Bild in Besitz genommen worden. Dies entspricht einer Logik, die Heidegger schon in „Die Zeit des Weltbildes" (1938) darstellte: *Sich über etwas ins Bild setzen heißt: das Seiende*

selbst in dem, wie es mit ihm steht, vor sich stellen und es als gestelltes ständig vor sich haben ... Das Weltbild wird nicht von einem vormals mittelalterlichen zu einem neuzeitlichen, sondern dies, dass überhaupt die Welt zum Bild wird, zeichnet das Wesen der Neuzeit aus ... damit setzt sich der Mensch selbst als die Szene, in der das Seiende fortan sich vor-stellen, präsentieren, d.h. Bild sein muss ... der Grundvorgang der Neuzeit ist die Eroberung der Welt als Bild. Auch im Bereich der Sexualität und der *porno-graphia* ist zudem 1989 ein signifikantes Datum, indem es die ehemals sozialistischen Gesellschaften diesem Bild der Neuzeit anglich und der pornographischen und den anderen bio-logischen Industrien des Westens öffnete. Bei Houellebecq („Elementarteilchen", „Plattform") und, mit ihm gleichsam gesellschaftlich wie literarisch bestätigt, ist das pornographische Bild Teil des selbstverständlichen täglichen Konsums, seine inzwischen selbst verfilmten Bücher dokumentieren schockhaft den *hiatus* dieser vierzig Jahre seit Sontags Essay. Dass wir in einer Zeit der allgemeinen Entblößung leben, ist unübersehbar; jede Talkshow, jeder Wahlkampf, jedes Spektakel verlangt nach dieser Entblößung (die an die Stelle sowohl des politischen Engagements wie auch der früheren katholischen Beichte getreten ist). Es ist keine Frage, dass die Pornographie in den gleichen Dekaden die Obszönität verdrängt, ausgemerzt hat (auch wenn sich die erotische Fotografie behauptet, dadurch dass sie den künstlerischen Gesetzen des Bildes ebenso folgt wie jenen des Begehrens). Bataille aber liest sich wie ein romantisches Begehren; es gibt kein Verbot, Tabu mehr, also auch keine Überschreitung, Transgression. In „Die Erotik" von 1957 hatte Bataille geschrieben: *Diese Worte sind verboten, es ist im Allgemeinen verboten, diese Organe zu nennen* und prophetisch: *Wenn man sie auf eine schamlose Weise nennt, geht man von der*

Überschreitung zur Gleichgültigkeit über, die das Profane und das Heiligste auf dieselbe Stufe stellt. Das Obszöne, von dem Bataille noch sagen konnte: *Die Körper öffnen sich der Kontinuität durch jene geheimen Kanäle, die uns die Empfindung der Obszönität vermitteln,* ist gerade ausgeschlossen, exterritorialisiert, indem jede Praxis der Körper als Ort des Spaßes, der Natur, der Bio-Logie, aber niemals des Verbots und der Überschreitung dargeboten wird. Die Pornographie ist nicht die Verbreitung, sondern die Eingemeindung des Obszönen, das in diesen neuen Biologismus eingegliedert wird. Was so in Gefahr steht, ist die Erfahrung der Erotik selbst, die im Werk Batailles ihren bestürzendsten literarischen Ausdruck wie auch zugleich die subtilste theoretische Reflexion gefunden hat. (10) Bataille war der einzige Denker, der die abendländische Grundfrage nach dem Sein von der erotischen Erfahrung her zu beantworten suchte Im Vorwort zu seinem Buch „Madame Edwarda", *in dem ohne Umschweife dargestellt wird, wie die Erotik das Bewusstsein aufzureißen vermag,* schrieb Bataille: *So bedeutet der ernst, der tragisch genommene Erotismus eine völlige Umkehr unserer Vorstellungen ... Ich werde nie die Heftigkeit und das Staunen vergessen, das mit dem Willen verbunden ist, die Augen zu öffnen und dem, was geschieht, ins Gesicht zu sehen. Im Ausgang dieser leidenschaftlichen Reflexion, die sich in einem Schrei selbst vernichtet ... finden wir Gott wieder ... Gott ist nichts, wenn er nicht die Überschreitung Gottes nach allen Seiten ist ... der Mensch ist nicht auf das Organ seiner Lust beschränkt, aber dieses Organ, das man nicht eingestehen kann, lehrt ihn sein Geheimnis.* Batailles „Obszönes Werk", das wie alles, was *die Erotik ins Werk setzt, zum Ziel hat, das Wesen im Allerintimsten zu treffen, dort, wo das Herz versagt* und so der *Diskontinuität zu entreißen, die allem Menschlichen zu eigen ist (die Erotik kann man bestimmen als das Jasagen zum Leben bis in den Tod)*, ist skandiert von Angst, Entsetzen, Delirien, Zittern, Scham, als einem Ort einer beständigen Unruhe, Aufrisses: *Meine Angst ist endlich absolut und souverän.* Alle Bemühung der pornographischen Industrie seit den 60er Jahren ging dahin, die erotische Erfahrung zu normalisieren, zu normativieren; bestes Beispiel dafür ist vielleicht die französische. Zeitschrift „Video hot", die jeden Monat mit großen Plakaten an allen französischen Kiosken angezeigt wird und die im Ganzen der Struktur des Marketing der Hollywood-Firmen folgt: Bester Film des Monats, Bewertung jedes neuen Films nach Sternchen (in diesem Fall des erigierten, halb erigierten, geknickten Penis …). Es gibt kein „heimliches Auge" mehr, sondern ein alles umfassendes öffentliches Bild. Man könnte sagen, das Reich, der Garten der Lüste sei endlich geöffnet, endlose Spermaflüsse durchströmen ihn, alle Geschlechter sind geöffnet und aufgerichtet zu einem ewigen *dies festum.*

III

Was in der Literatur über Kafkas „Schloss" übersehen, gar nicht thematisiert wird, ist, dass die verborgene Achse des Buches ein obszöner pornographischer Brief ist, dessen Wortlaut dem Leser zwar nie mitgeteilt wird, von dem Olga, die Schwester von Amalia, der Adressatin des Briefes, aber auf das Deutlichste sagt: *Der Brief war von Sortini … den Inhalt kann ich nicht wiedergeben. Es war eine Aufforderung, zu ihm in den Herrenhof zu kommen und zwar sollte Amalia sofort kommen, denn in einer halben Stunde musste Sortini wegfahren. Der Brief war in den gemeinsten Ausdrücken gehalten, die ich noch nie gehört hatte und nur aus dem Zusammenhang halb erriet.*

Die einzige Möglichkeit, eine Referenz für etwas wie eine den Text strukturierende Fabel zu suchen, ergibt sich also erst nach der Mitte des Romanfragmentes: in jener langen Nacht, dieser endlosen Nacht, Nacht der Berührung, die in ihrer Sakralität selbst fast unberührbar ist, der Nacht bei den „Barnabassischen" (und gegen Morgen bei „Bürgel"). Jener Brief ist es, der K. und die Barnabassischen, so genannt nach der Familie des „Schlossboten" Barnabas, der K. zwei Briefe Klamms, des für K. „zuständigen Sekretärs", überbringt, in eine gegenseitig schicksalshafte, notwendige Beziehung setzt; denn jenen Brief Sortinis, den ein Bote Amalia, der Schwester des Barnabas, überbracht hatte, hatte Amalia zerrissen, *warf die Fetzen dem Mann draußen ins Gesicht und schloss das Fenster ... Der Brief traf am Morgen nach dem Feuerwehrfest ein,* wie Olga weitererzählt, einer Szene, die voller sexueller Zeichen, Konnotationen ist: *Es war am dritten Juli bei einem Fest des Feuerwehrvereins, das Schloss hatte sich auch beteiligt und eine neue Feuerspritze gespendet ... dort bemerkten wir Sortini, der offenbar schon die ganze Zeit über hinter der Spritze an einem Spritzenhebel gelehnt hatte. Sortini blickte von einem zum andern, bis er dann bei Amalia haltmachte, da stutzte er, sprang über die Deichsel, um Amalia näher zu sein.*

Durch die Beleidigung des Boten Sortinis am folgenden Morgen aber *war der Fluch über unsere Familie ausgesprochen, und nun war allerdings auch die Behandlung des Boten etwas Unverzeihliches.* Olga, die K. dies erzählt, weist dessen Entrüstung über Sortini und dessen Brief jedoch entschieden zurück: *Der Brief an Amalia. kann ja in Gedanken, in völliger Nichtachtung des wirklich geschriebenen auf das Papier geworfen worden sein, was wissen wir von den Gedanken der Herrn? Wenn nun ein solch weltungewandter Mann wie Sortini pötzlich von*

Liebe zu einem Dorfmädchen ergriffen wird, so nimmt das natürlich andere Formen an, als wenn der Tischlergehilfe von nebenan sich verliebt ... Das Verhältnis der Frauen zu den Beamten ist, glaube mir, sehr schwer oder vielmehr immer sehr leicht zu beurteilen ... wir aber wissen, dass Frauen nicht anders können, als Beamte lieben, wenn sich diese ihnen einmal zuwenden, ja sie lieben die Beamten schon vorher, so sehr sie es leugnen wollen. Durch jenen Fluch verlieren die Barnabassischen ihre Existenzgrundlage (Amalias Vater war der führende Schuster des Dorfes); nach unzähligen Versuchen, Bittgängen vor allem des Vaters, scheint Olga, der jüngeren Schwester des Barnabas, nur noch ein Weg möglich, jenen Boten ausfindig zu machen, indem sie sich den Knechten des Schlosses im Stall des Herrenhofes hingibt, um so den Namen des Boten ausfindig zu machen und ihn um Verzeihung bitten zu können: *Seit mehr als zwei Jahren, zumindest zweimal in der Woche, verbringe ich die Nacht mit den Dienern im Stall ... verachte mich nicht, wenn ich sage, dass ich das, was ich getan habe, nicht bereue.* Aber auch dort „im dunklen Stalle" erhält Olga *bestenfalls ein paar magere Andeutungen der Wahrheit.* So überlegt Olga: *Was lag näher, als in der Person des Barnabas einen neuen Boten anzubieten, durch Barnabas die Arbeit des beleidigten Boten ausführen zu lassen und dem Beleidigten es so zu ermöglichen, ruhig in der Ferne zu bleiben.* Und jener Brief an K. ist schließlich *freilich der erste Brief, die erste Arbeit, die er überhaupt je bekommen hat.*
Auch die dritte Hauptfigur des Romans neben K. und den Barnabassischen ist sexuell, erotisch konnotiert: Klamm. Es wäre vielleicht richtiger, wahrer, von einem „Prinzip Klamm" anstatt der Figur Klamms zu sprechen, als jenes a priori, in das wir immer schon verklammert sind, ein offenbar selbst nicht mehr überschreitbares Existenzial einer

Verklammerung ohne Ende *(Klamm ist nur einer der Beamten)*; diese Verklammerung, Umklammerung, Einklammerung ist erotisch, sexuell konnotiert, sie verläuft wie eine einzige Zündschnur durch den ganzen Roman hindurch. Klamm, der im Raum neben dem *Ausschank* zu residieren scheint, ist auf welche Weise auch immer verklammert mit allen weiblichen Figuren des Romans. Durch ihn ist das Schloss eine Brandstätte, Fluchtpunkt aller erotischen Begehrungslinien, sind Schloss und Dorf selbst untrennbar verklammert. Denn es ist das Geschlecht, das *genos*, das die Menschen nicht nur zeugt, sondern sie füreinander öffnet, sie aneinander verweist. Die Liebesszene zwischen K. und Frieda, der Geliebten Klamms, erfolgt nur Augenblicke nach dem ersten Blick, Zusammentreffen. Frieda wird später von Klamm sagen: *Wohl aber glaube ich, ist es sein Werk, dass wir uns dort unter dem Pult zusammengefunden haben; gesegnet, nicht verflucht sei die Stunde.* Und die Wirtin wird über jene Augenblicke sagen: *Mit Schmerz habe ich gehört, dass Frieda Sie hat durchs Guckloch (!) schauen lassen, schon als sie das tat, war sie von Ihnen verführt.* Die Wirtin, vor langen Jahren selbst Geliebte von Klamm, klärt K. über diesen auf: *Klamm hat mich einmal zu seiner Geliebten gemacht, kann ich diesen Rang jemals verlieren? Wo wäre der Mann, der mich hindern könnte, zu Klamm zu laufen, wenn mir Klamm ein Zeichen gibt. Unsinn, völliger Unsinn; man verwirrt sich selbst, wenn man mit diesem Unsinn spielt.* Als K. kurz darauf im Ausschank Pepi, die Nachfolgerin Friedas (und neue Geliebte Klamms?) trifft, heißt es: *Niemals hätte K. Pepi angerührt, aber doch musste er jetzt für ein Weilchen seine Augen bedecken, so gierig sah er sie an.* Die erotische Disposition des Menschen ist nie zu schließen, sie ist in jedem Augenblick geöffnet. Frieda sagt, sie wisse *kein Mittel gegen die Gehilfen,* die Klamm gesandt hat:

Von Klamm ist hier ja eine Überfülle, zu viel Klamm, um ihm zu entgehen, will ich fort, sie wünscht sich *ein Grab, dort halten wir uns umarmt wie mit Zangen.* Tatsächlich wird am Ende jener Nacht Jeremias, einer der beiden Gehilfen, zu K. sagen: *Da ging ich also zu ihr und wir einigten uns. Es ist für Frieda besser.* Kafka, dessen andere Romanfragmente „Amerika" und „Der Prozess" ähnlich dicht erotisch konnotiert sind, sagte einmal, dass vielleicht niemand den Sündenfall so tief erfahren habe wie er. Mehrere seiner dichtesten Aphorismen kreisen um dieses 3. Kapitel der Genesis. Diese Urszene aller abendländischen Genealogie, verklammert bekanntlich Begehren, Erkenntnis, Nacktheit, Scham und Zeugung unlösbar: *Da sah die Frau, dass es köstlich wäre, von dem Baum zu essen, dass der Baum eine Augenweide war und dazu verlockte, klug zu werden. Sie nahm von seinen Früchten und aß; sie gab auch ihrem Mann, der bei ihr war, und auch er aß. Da gingen beiden die Augen auf und sie erkannten, dass sie nackt waren. Sie hefteten Feigenblätter zusammen und machten sich einen Schurz.* Zu Beginn des nächsten Kapitels wird es heißen: *Adam erkannte Eva.*

IV

Die Urszene der modernen pornographischen Industrie ist nicht bei de Sade oder Laclos und anderen Zeitgenossen zu suchen, sondern in Mozarts „Cosi fan tutte", 1790 komponiert, also zu jener Zeit, als de Sade nach Jahren der Gefangenschaft eine Sektion der Jacobiner leitete, zugleich zu jener Zeit der Proklamierung, Ausrufung der „Menschenrechte". Die Handlung ist bekannt. Zwei Freunde, Ferrando und Guglielmo, wetten mit einem älteren Freund, Alfonso, dass ihre Frauen Muster der Treue und Liebe seien; zum Beweis simulieren sie ihre Einberufung zur Armee und kehren kurz darauf verkleidet zu ihren Frauen zurück. Tatsächlich verlieben sich nach kurzer Zeit beide Frauen je in den Freund ihres Gatten. Eine Doppelhochzeit wird vorbereitet, doch nachdem die Frauen den Ehevertrag unterschrieben haben, erklingt aus dem *off* der Militärmarsch, der die Heimkehr der Soldaten verkündet. Die verkleideten Ehegatten verlassen heimlich das Zimmer und kommen wieder, nun als Guglielmo und Ferrando. *Voller zwiespältiger Freude werden die Männer in die Arme genommen. Am Ende steht ein Loblied in C-Dur: Glücklich sei der Mensch, der alles nur von der besten Seite nimmt und trotz der Wechselfälle des Lebens, über die er lacht, die Ruhe bewahrt.* Schon der Titel weist nicht nur auf die Praxis, Konvention des adligen, bürgerlichen Ehebruchs jener Zeit, sondern die Maximen einer zukünftigen Konsumwelt hin. Diese ist die Matrix von Mozarts Musik überhaupt. In Mozarts Musik, die nur in jenem Nullpunkt zwischen dem Tod Gottes und der Moderne geschehen konnte, ist bereits exemplarisch, was Scholem/Benjamin dann 1925 als Signatur der Moderne konstatierten: *Geltung ohne Bedeutung* – reine, von aller Bedeutung gereinigte Musik – das ist es, was wir wollen, feiern … in Zeremonien, die wie im Mozart-Jahr 2006 über den längst gewöhnten Warenfetischismus hinaus Züge einer gigantischen Selbst-Entsühnungsfeier annehmen. Mozarts Musik kennt keinen Streit, Kampf (wie Beethoven), keine Verhaftung an Transzendenz wie Bach, kein *anderes*, nur diese Musik, diesen selbstreferentiellen, tautologischen „Wohlklang" … deshalb lagern alle dort so gerne, so weich; kein Manager, der ihn nicht zu seinem Gott erklärte … in seiner Musik sind alle Spuren der Anstrengung, des Kampfes, der Arbeit getilgt, als sei keine Erbsünde geschehen, als sei im Gegenteil die Zeit in den Generalstand der unbefleckten Empfängnis, jenes ewigen *dies festum* getreten. [11]

Doch nicht nur Sade und Mozart waren Zeitgenossen, auch Kant.[12] In ihrem Exkurs II beschäftigen sich Adorno/Horkheimer in ihrer „Dialektik der Aufklärung" mit „Juliette oder Aufklärung und Moral": *Nichts wird im Denken der Aufklärung von der Vernunft beigetragen als die Idee systematischer Einheit, die formalen Elemente festen begrifflichen Zusammenhangs ... Jedes inhaltliche Ziel, auf das die Menschen sich berufen mögen, als sei es eine Einsicht der Vernunft, ist nach dem strengen Sinn der Aufklärung Wahn, Lüge, Rationalisierung; mögen die einzelnen Philosophen sich auch die größte Mühe geben, von dieser Konsequenz hinweg aufs menschenfreundliche Gefühl zu lenken ... das System, das der Aufklärung zugrundeliegt, ist die Gestalt der Erkenntnis, die mit den Tatsachen am besten fertig wird, das Subjekt am wirksamsten bei der Naturbeherrschung unterstützt. Seine Prinzipien sind die der Selbsterhaltung, Unmündigkeit erweist sich als das Unvermögen, sich selbst zu erhalten.* Damit ist die Disposition für Juliette bzw. ihre Herren geöffnet. Sie können den Kant'schen kategorischen Imperativ durchaus für sich beanspruchen, da dieser sich als eine rein methodische Disposition enthüllt, die beliebig mit Inhalten, Imperativen, Zielen zu füllen ist. *Wissenschaft selbst hat kein Bewusstsein von sich, sie ist ein Werkzeug. Aufklärung aber ist die Philosophie, die Wahrheit mit wissenschaftlichem System gleichsetzt ... Die Morallehren der Aufklärung zeugen von dem hoffnungslosen Streben, an Stelle der geschwächten Religion einen intellektuellen Grund dafür zu finden, in der Gesellschaft auszuhalten.* Dagegen zeigt das Werk Sades den *Verstand ohne Leitung eines anderen, das heißt, das von der Bevormundung befreite bürgerliche Subjekt ... Da sie (die Vernunft) inhaltliche Ziele als Macht der Natur über den Geist, der Beeinträchtigung ih-*

rer Selbstgesetzgebung entlarvt, steht sie formal, wie sie ist, jedem natürlichen Interesse zur Verfügung. Diesem natürlichen Interesse folgen die Libertingesellschaften Sades. Die Nähe zu jenem, was später Foucault und Agamben Bio-Politik nennen werden, sehen auch Horkheimer/Adorno bereits 1938: *Die modernen Sportsriegen, deren Zusammenspiel genau geregelt ist, so dass kein Mitglied über seine Rolle einen Zweifel hegt und für jeden ein Ersatzmann da ist, finden in den sexuellen Teams der Juliette, bei denen kein Augenblick ungenützt, keine Körperöffnung vernachlässigt wird, keine Funktion untätig bleibt, ihr genaues Modell.* Dieser neue Biologismus geht einher mit den künftigen Formen der Ökonomie: *Die entfesselte Marktwirtschaft war zugleich die aktuelle Gestalt der Vernunft und die Macht, an der Vernunft zu schanden wurde ... die Abschaffung alles von sich aus Verbindlichen erlaubt es der Herrschaft, die ihr jeweils adäquaten Bindungen souverän zu denken und zu manipulieren.* Noch einmal ist die Disposition für Juliette geöffnet: *Sie kompensiert das Werturteil gegen sie, das unbegründet war, weil alle Werturteile unbegründet sind, durch seinen Gegensatz ... Die Freiheit von Gewissensbissen ist vor der formalistischen Vernunft so essentiell wie die von Liebe und Hass ... Juliette hat die Wissenschaft zum credo. Scheußlich ist ihr jede Verehrung, deren Rationalität nicht zu erweisen ist.* Auch das Mitleid hält vor der Philosophie nicht stand. Hier berührt sich Sade mit Nietzsche, der in der „Genealogie der Moral" schrieb: *Alle guten Dinge waren ehemals schlimme Dinge; aus jeder Erbsünde ist eine Erbtugend geworden.* Juliette *betreibt diese Umwertung zum ersten Mal bewusst ... der Genuss ist gleichsam ihre Rache ... ich weiß nicht, was das ist, das Herz, ich nenne bloß die Schwäche des Geistes so. Jedes einzelne der Zehn Gebote erfährt den Nachweis seiner Nichtigkeit vor der Instanz der formalen Vernunft. Sie werden ohne Rest als Ideologien nachgewiesen. Das Plädoyer zu Gunsten des Mordes hält der Papst auf Juliettes Wunsch hin selbst.* Dass Sade es aber *nicht den Gegnern überließ, die Aufklärung sich über sich selbst entsetzen zu lassen,* macht sein Werk für Adorno/Horkheimer zu einem *Hebel ihrer Rettung ... Die dunklen Schriftsteller des Bürgertums haben nicht wie seine Apologeten die Konsequenzen der Aufklärung durch harmonistische Doktrinen abzubiegen getrachtet.* [13]

V

Die Spaltung, das X, die die *porno-graphia* sowohl konstituiert wie charakterisiert, zeigt sich heute in ihrer Nähe, Affinität zu jenem Prozess, den Foucault in seiner „Geschichte der Sexualität", insbesondere in der „Wille zum Wissen", skizziert hat und den seitdem vor allem Giorgio Agamben zum Gegenstand seiner Untersuchungen machte. Die „biologische Modernitätsschwelle" formuliert Foucault so: *Jahrtausende hindurch ist der Mensch das geblieben, was er für Aristoteles war, ein lebendes Tier, das auch einer politischen Existenz fähig ist. Der moderne Mensch ist ein Tier, in dessen Politik sein Leben als Lebewesen auf dem Spiel steht.* Auch Hannah Arendt hat den „Niedergang des öffentlichen Raumes" auf diesen „Vorrang des natürlichen Lebens vor dem politischen Handeln" zurückgeführt. Agamben erkennt in dieser Politisierung des nackten Lebens als solchem das „Gründungsereignis der Moderne" selbst, dessen langer Weg sich jedoch in der abendländischen Ontologie bereits von Beginn an anzeigt, die versuchte, ein „reines Sein" zu bestimmen. Während Foucaults Arbeiten vor allem der Analyse der konkreten Weisen galten, *in denen die Macht selbst den Körper der Subjekte und ihrer Lebensformen durchdringt,* einer Analyse, die ihn zu der Einsicht führt, dass *der moderne westliche Staat in einem bislang unerreichten Maß objektive Techniken der Individualisierung und objektive Prozeduren der Totalisierung integriert,* fragt Agamben in seiner aufs Äußerste verdichteten Studie „Homo Sacer. Die souveräne Macht und das nackte Leben" insbesondere nach deren Genealogie wie ihren dunklen Konsequenzen, nämlich dem „Lager als nomos der Moderne". Es sind neben der „obscuren" römischen Präfiguration des homo sacer insbesondere die Habeas-Corpus-Akte von 1679, welche ihrerseits auf die Magna charta von 1215 des Johann ohne

Land zurückgeht, und in deren Zentrum *weder das alte Subjekt der feudalen Beziehungen und Freiheiten noch der künftige citoyen steht, sondern schlicht und einfach der Körper: habeas corpus ad sublicendum, du musst einen Körper vorweisen (...) Unsere Politik kennt heute keinen anderen Wert (und folglich keinen anderen Unwert) als das Leben, und solange die Widersprüche, die sich daraus ergeben, nicht gelöst sind, werden Nazismus und Faschismus, welche die Entscheidung über das nackte Leben zum höchsten politischen Kriterium erhoben haben, bedrohlich aktuell bleiben.* Bei Agamben kommt auch die dunkle, völlig tabuisierte Seite des „Projekts der Menschenrechte" in den Blick. (Was wieder einmal zeigt, dass die *Tabus* nie zu erlöschen, sondern sich nur zu verschieben vermögen.) Es ist die Proklamation der Menschenrechte, die das Subjekt als Souverän oder Mitglied des Souveräns auf der Grundlage seiner nackten Zugehörigkeit, Gebürtigkeit einer Nation etabliert. *Das Leben, das mit der Erklärung der Menschenrechte zum Fundament der Souveränität geworden ist, wird nun das Subjekt-Objekt der staatlichen Politik ... Dass sich dadurch der Untertan in einen Bürger verwandelt, bedeutet, dass die Geburt – d.h. das natürliche nackte Leben als solches – zum ersten Mal mittels einer Transformation, deren biopolitische Folgen wir heute erst zu ermessen beginnen, zum unmittelbaren Träger der Souveränität wird.* Wie schnell diese Proklamation, in der Figur des Flüchtlings, in ihr Gegenteil umschlagen kann, hatte 1951 bereits H. Arendt gesehen: *Der Begriff der Menschenrechte, der auf einer angenommenen Existenz des Menschen als solchen basiert, brach in dem Augenblick zusammen, als diejenigen, die sich zum Glauben daran bekannten, zum ersten Mal mit Leuten konfrontiert waren, die wirklich alle ihre anderen Eigenschaften und spezifischen Beziehungen verloren hatten – außer dass sie immer noch Menschen waren.* Agamben kommentierte später: *Im System des Nationalstaates erweisen sich die sogenannten heiligen und unveräußerlichen Menschenrechte, sobald sie nicht als Rechte eines Staatsbürgers zu handhaben sind, als bar allen Schutzes und aller Realität.* Und bereits 1934 hatte Lévinas festgehalten: *Das Biologische samt allem, was es an Fatalität mit sich bringt, wird mehr als ein Objekt des geistigen Lebens, es wird zu dessen Herz. Das Wesen des Menschen liegt nicht mehr in seiner Freiheit, sondern in einer Art von Gebundenheit: an seinen Körper gekettet verweigert sich der Mensch der Macht, sich selber zu entkommen ... die Wichtigkeit, welche diesem Gefühl des Körpers, mit dem sich der abendländische Körper nie hat begnügen wollen, zugeschrieben wird, ist die Basis einer neuen Konzeption des Menschen.* Noch einmal Agamben: *In der modernen Biopolitik ist derjenige souverän, der über den Wert oder Unwert des Lebens als solches entscheidet. Das Leben, das mit der Erklärung der Menschenrechte als solches zum Prinzip der Souveränität erhoben worden ist, wird nun selbst zum Ort einer souveränen Entscheidung.* Wie sehr, ausschließlich, also das nackte Leben zur Matrix der Gegenwart geworden ist, ist evident und durchtränkt die gesamte Phänomenologie der gegenwärtigen (westlichen) Gesellschaften, vom Jugend-, Schönheits-, Fitness-, Gesundheits- Wahn bis in ihre wissenschaftlich-medizinischen Fluchtlinien. Die Nähe und der Kipppunkt des pornographischen Bildes zum nackten Leben ist ebenso evident wie seine Akzeptanz und zunehmende restlose Einfügung in diese dunkle Matrix.

Pasolini hat diese Gefahr einer kommenden Diktatur einer biologisch geformten Einheits-Konsumgesellschaft und des nackten Lebens (die sich zueinander verhalten wie Goyas nackte und bekleidete Maya ...) schon in den frühen 70er Jahren gesehen, daher sein Widerruf der „Trilogie des Lebens" („Decameron", „Erotische Geschichten aus 1001 Nacht", „Canterbury tales"), in welcher er das Verlangen, die Erotik gefeiert hatte, und seine Supplementierung durch „Salo" (1975), dieses sadesche Szenarium aus Italiens unmittelbarer Vergangenheit, das wie ein Menetekel über der Gegenwart, jener Pasolinis wie unserer, schwebt. *Hier im Lager hat alles seine Ordnung*, sind die Schlussworte des Basileo in seinem ebenfalls 1975 uraufgeführten Drama „Calderon" [14]. Wenige Monate vor seiner Ermordung schrieb er im Corierre della serra vom: *Ich widerrufe die Trilogie des Lebens, auch wenn ich sie nicht bereue. Was ich auch heute nicht verleugnen kann, sind die Aufrichtigkeit und innere Notwendigkeit, die mich damals getrieben haben, nackte Körper darzustellen und die symbolische Kulmination alles Körperlichen, den sexus. Ich war fasziniert von der Idee, den Eros in einem menschlichen Milieu darzustellen, das historisch zwar bereits überholt, physisch immer noch existierte (in Neapel, im Vorderen Orient). Inzwischen hat sich aber alles ins genaue Gegenteil verkehrt. Der progressive Kampf gegen Zensur und der Kampf für sexuelle Freiheit sind rücksichtslos weggefegt worden, da sich der Konsumismus entschlossen hat, eine breite (und damit grundfalsche) Toleranz zu gewähren ... heute ist das Leben ein Haufen bedeutungsloser und ironischer Trümmer ... Als ob eine anthropologische Mutation reversibel wäre ... Ich passe mein Engagement einer besseren Lesbarkeit an (Salo?).*

SUPPLEMENT

woher die faszination der rotlicht-viertel? geschmückt mit welkenden blumen, von blitzhaften zeichen schnell vor-

beieilender autos, entblößten radgestellen durchrissen, durchzittert von der unruhe des begehrens wie eine jederzeit transitorische wildnis: weil sie der wahrheit der sünde entsprechen, so in der fuge sind, der fuge der sünde, es gibt keine andere; *hier hat es genau abgesteckte reviere, die huren treten zueinander, wieder auseinander, letzter verbliebener chor der antiken tragödie; sie bewegen sich mit der sicherheit alter katzen vorbei an den taumelnden drogensüchtigen; jetzt geht, stolziert eine auf ihren stökkelschuhen, so dass sich bei jedem schlag die adern ihrer beine abzeichnen, flüstert: „ich mache alles"; mitunter glaubt man auch, hyänen zu sehen, aber aber es sind frauen oder hunde, hunde als erbe des wolfes, die hier kaum weniger zahlreich sind als jener chor; im fernsehen, durch eine geöffnete tür zu erkennen, gleichzeitig eine händeringende- und faltende gesprächsrunde, die bedienung wischt den tisch nach jedem gast, als wische sie ihn aus; das leben als roulettespiel: behinderte taumeln, fahren auf ihren batteriegeladenen geräten mit in ihren händen verkrallten natels vorbei, dann luxuslimousinen; die vergänglichkeit wird erträglich – als spiel; taxis eilen vorüber wie über den styx, jetzt eine schwarze gazelle; radfahrer, die nur ihrer spur folgen, augen auf den boden geheftet, jetzt ein anderer, der abrupt hält, kehrt, zurücksieht, eine dünne frau, die ihre zigarette weit von sich weghält, wie eine verkündigung, ein sanitätsauto ohne blaulicht, nun ein fahrradfahrer mit schwarzen kleidern, wie ein totenvogel; die internationale des begehrens: dass der mensch ein solches hat, wird nur hier ausgestellt – mit gesetzen der gastfreundschaft, die beständig neu verhandelt werden.*

Zweifellos ist die *porno-graphia* eine Form der Wahrheit. Das Geschlecht ist der unmögliche Ort einer Kollision, einer Kollision zweier Geschlechter, der MITTE zweier

Menschen; diese Kollision entblößt sich in der Nacktheit, ihr Wesen ist jedoch ein ontologisches, aus ihr entsteht Welt. Das Geschlecht ist ein unendlicher Ort, der sich stets neu öffnet und schließt, der sich nur öffnet, um sich wieder zu schließen, nur schließt, um sich wieder zu öffnen. [15]

Die tiefe Faszination des pornographischen Bildes ist unwiderlegbar- das Offenstehen der MITTE, die immer auch Ursprung ist. Doch die Sexualität, *porno-graphia* muss das gespaltenste Phänomen sein, weil sie selbst der Ort der Spaltung, Teilung, des Risses, des Schnittes ist (ohne die der Begriff eines *centrums* keinen Sinn machen würde). Welch schwankendes Gelände gerade diese MITTE des Körpers ist, die als Mitte eben gerade nicht ein unverrückbares Maß oder eine solche Referenz stiftet, zeigen die gänzlich unterschiedlichen juridischen und moralischen Ordnungen, die sich um diese Mitte legen, sie scheinbar limitieren, scheinbar freisetzen; und die auf keinem anderen Gebiet zwischen den Kulturen, Religionen, Rechtssystemen so divergieren wie hier [16]; unentwegt wird an Paragraphen und einer Sexualmoral gearbeitet, doch kann diese jenem Übermaß der MITTE nie entsprechen, schon der Begriff verkrümmt sich unter der Last des Unvereinbaren; was wäre das Maß des Maßlosen, hier am Kreuzungspunkt, Ursprung, der sich jeder essentialistischen Bestimmung verweigert. *Gib es auf Erden ein Maß? – Es gibt keines* (Hölderlin). Nichts ist unerträglicher als das Gerede einer normalen, erfüllten, gesunden Sexualität. Jede Sexualmoral ist ohne Referenz einer „Natur", eines sexus an sich. Dass man sich zudem in einer schwankenden Landschaft der Begriffe befindet, wird schnell deutlich; Genitalität ist nicht Sexualität, Pornographie nicht Obszönität und nicht Erotismus, dennoch lagern sie beieinander wie Geschwister, mitunter wie Zwillinge. [16]

das erste pornographische bild, welches ich sah, war ein heft eines freundes, er hatte es vor einem autoausflug ohne aufhebens in das handschuhfach gelegt, vor dem ich saß, ich griff danach, schlug es auf – es war ein moment des unfassbaren, der umkehrung, umstülpung ... es war von einer ganz anderen art, gattung, wesen als alle bilder, die ich je gesehen hatte, es war gar kein bild, es war etwas anderes ..., es war kein als ob, keine repräsentation von etwas, es war eher etwas jetzt geschehenes, es war wie überbelichtete wirklichkeit, es war ... (nur die bilder des ersten filmes von tarkowski („solaris"), den ich sah (und später fotografien der marsoberfläche, die dem bild gleichsam verboten, unzugänglich sind) bestürzten, beunruhigten, berührten mich in ähnlicher weise.)

Das Geschlecht ist auch insofern der Ort der MITTE – die immer offen stehende *Seitenwunde*; das *phantasma* der Passage – indem es das Innere des Körpers mit dem Draußen verbindet, jenes Körperinnere, das fremder ist als die fremdesten Gestirne, eine Grenze, die jener des Todes gleicht.

Dass die *porno-graphia* in einem *nexus* zur Schönheit steht, ist unwiderlegbar; tatsächlich verfügen heute fast alle ihre Darstellerinnen über einen „makellosen" Körper und oft auch über eine Schönheit des Gesichts; damit errichtet sie wiederum eine MITTE, nämlich jene ihres *nexus* mit dem Guten, Wahren, Schönen, dem *nexus* des Schönen, des Eros, das dieses in Platons „Symposion" darstellt.

Während das Geschlecht die faktische MITTE ist, ist das Herz die metaphorische, auf die keine Schrift, keine Philosophie, nicht einmal die Wissenschaft verzichten mag; es ist Metaphorik, wie jeder weiß, spätestens seit den Herztransplantationen, dennoch bleibt das „Herz aller Dinge" unverzichtbar. [17]

Im Zentrum ist aber nicht nur das Geschlecht, sondern auch die Scham, unabweisbar wie der Schatten; die Scham setzt Begehren voraus und umgekehrt; es ist unsinnig, nach der Ursache der Scham zu fragen, denn sie geht uns immer schon voraus.

Die pornographische Penetration, dein Eindringen in den Körper oder den Körper als Bild, ist auch der Wunsch nach der Souveränität im Sinne C. Schmitts (*Souverän ist, wer über den Ausnahmezustand verfügt*), nach dem Objekt, der Verfügbarkeit. Doch das Begehren, für einen Moment gestillt, erwacht wie ein hungriges Tier. Sisyphos wälzt auch den Stein des Begehrens. Die *porno-graphia* kann nichts anderes als immer das Gleiche, sich selbst zu reproduzieren, sie kann weder aufhören noch beginnen, wie jenes *genos,* das ihr zugrundeliegt, angeschmiedet wie Prometheus (der Feuer-, der LOGOS-Bringer) an jenen Felsen und heimgesucht vom Adler, der seine stets wieder zusammenwachsende Leber stets von neuem zerreißt.

Zweifellos ähnelt der pornographische wie der sexuelle Laut, der Klage, dem Schmerz, und seinen Schreien auch dem Gesang; er ist konstituiert durch den Atem – MITTE –, Ursprung der menschlichen Stimme; zugleich zeugt er von der Beteiligung des Inneren, der Seele, also jenem „Rest", den die *porno-graphia* nicht besetzen kann; es gibt kein Geschlecht ohne Seele; unentrinnbar begegnet man einem ganzen Menschen.

du betrittst also die kabine, wirst die tür schließen, deren riegel wie ein großer zahn sich im kiefer des schlosses einhängt; du wirst deine jacke aufhängen – und mit ihr gleichsam ein stück deiner scham –, nachdem du ihr das geld entnommen hast, das du benötigst, die zigaretten, die du ebenso benötigst; ein kleines schild wird dich darauf aufmerksam machen, dass der aufenthalt in der kabine zum einwerfen des geldes verpflichtet; du wirst in diesem schwarzen sessel, mit festen, breiten lehnen platz nehmen, der auf dem gleichen hellen fliesenboden steht, auf welchem du von draußen hier eingetreten bist, du wirst einen blick auf die papierrolle an der wand links neben dir werfen, wie auf den schon halb gefüllten eimer in der ecke rechts unter dem unteren bildschirm. jetzt bist du also da, eingeschlossen in der zelle, wie du es wünschtest, allen blicken entzogen, nur deinem nicht, der dich aus den bildern, die du sehen wirst, und dem matten glanz der bildschirme entgegenblicken wird; du wirst vielleicht erst deine hose öffnen, indem du den gürtel löst – und das geschlecht herausnehmen, dem du hierher gefolgt bist, das dir hierher gefolgt ist, auf das du gehört hast, sein pochen ... das nun wie ein hilfloser wurm an dir hängt, bevor vielleicht blut in es einfließen wird; vielleicht wirst du auch erst einen schein einschieben (jene rote banknote, die den jungen arthur honegger, den komponisten des pacific 231, abbildet, oder jenen gelben schein mit dem schon älteren, schon ermüdeten?, le corbusier, dem architekten und maler, der seine brille auf seine breite stirn hochgeschoben hat – um besser zu sehen?), wie ein spielzeugpilot sitzt du vor der tastatur, mit der du die bilder dirigieren, anhalten, wechseln, vor- und zurückspulen kannst; du wirst dich, nun in deine körperlichkeit eingeschlossen wie in diese schwarz-rote zelle, beschämt erinnern, schon einmal auf einem stuhl gesessen zu haben, vor vielen jahren – die also nicht vergangen sind –, als du als kind lerntest, auf einem topf dein „geschäft" zu verrichten, du bist wieder dort angekommen; auch jetzt wird vielleicht eine flüssigkeit aus deinem körper fließen; du wirst also die filme starten, doch du wirst die bilder weniger auswählen, als dass sie dich jagen, von einem film zum nächsten, einen jener vier, die oben auf dem zweiten bildschirm erscheinen, oder das je folgende des unteren; schließlich wirst du vielleicht bei einem verweilen und dein geschlecht berühren; du siehst unter anderem eine frau, die ihren anus so weit geöffnet hat, dass die struktur des darmes zu erkennen ist, die gleichsam geometrisch strukturiert ist; du wirst deine scham für einen augenblick vergessen haben wie auch das draußen der kabine, der welt, bis die befleckung geschieht, oder auch nicht, weil dein geschlecht müde ist, krank.

Das pornographische Bild ist Wirklichkeit und Abstraktion zugleich; zweifellos ist dieser Phallus in diesen Schoss eingedrungen, doch – neben allen sozialen, gesellschaftlichen Realien – ist nicht nur dein Tastsinn, sondern auch dein Geruchs- und Geschmackssinn ausgeschlossen, abstrahiert; zudem die Ebene der STIMME fast immer synthetisch hergestellt; es ist aber die bestimmte, immer einzige Ausdünstung, Aura eines Körpers als des Ensembles der Sinne, welches die Erfahrung des wirklichen Körpers ausmacht und auf eine unverrückbare Individualität hinweist – und damit auch an die Schuld (Benjamin: *Die Schuld ist der Schicksalszusammenhang alles Lebendigen.*)

Das pornographische Bild hat keinerlei Anspruch, Bild zu sein, es missachtet alle oder fast alle Regeln des Bildes (Komposition, Kontrapunkt, *punctum*, Hintergrund-Vordergrund), ist es überhaupt ein Bild? Es ist unmittelbar für den onanistischen Akt gemacht, der sich als stets vergeblicher ins Unendliche fortsetzen wird, dieser Zweck ist so unverstellt wie das Bild selbst; dass die pornographischen Produkte einer zwanghaften Diktatur einer Dramaturgie (mitunter gerahmt von einer bestenfalls hilflosen minimalen Erzählung, Skelett, Parodie der Narration) der Entblößung, *fellatio*, Penetrierung der Vulva, des Anus, Verströmen des Samens auf das Gesicht der Darstellerin folgen, ist offensichtlich; (die hilflose Alternative z.B. der Firma *ggg* ist jene, nur den Höhepunkt, die Ejakulation zu zitieren, zu addieren.)

Das pornographische Bild hat seinen Höhepunkt fast immer im Eindringen des Phallus in den Anus der Frau, deshalb, weil hier die Eindringung die reinste, unmittelbarste ist (gleich jener in den *globus*), indem die Eindringung gleichsam „ohne Rand" erscheint, während das rosenblättrige Geschlecht der Frau diese Eindringung umgibt und als solche sichtbar macht; zugleich ist der Anus der verachtetste Teil des Körpers, so dass der Kipppunkt in das Gegenteil, die Umkehrung möglich wird.

Der Blick des pornographischen Bildes ist meist dem Betrachter, dir, zugewandt, so als meinte er nur diesen, dich; er wiederholt so Hegels Spiel, Dialektik von „hier und jetzt", in dem das Allgemeinste mit dem Individuellen zusammenfällt; der Blick kann auch dem Partner zugewandt sein, seinem oder dem eigenen Geschlecht, der Arbeit; immer ist er selbst das, was eindringt, in den Betrachter, dich, eindringt, ihn in dieses Spiel der Penetration einbindet; dass das pornographische Bild ohne den Blick zusammenbricht, zeigt, dass es den Bezug zur *anderen* Seite der MITTE nicht verlieren kann, ohne selbst unwirksam zu werden.

Die Pornographie versucht die Sprache auszumerzen, aus den wenigen Worten spricht Verachtung, Hass gegen die Sprache selbst, die dem Körper untergeordnet, hörig sein; in den verbleibenden Worten herrscht Siegerstimmung, hier werden unentwegt Erfolge gefeiert. Hier frisst tatsächlich eine Regression der *humanitas* sich selbst auf, die aber nicht mit der *animalitas* verwechselt werden darf, von der sie durch einen Abgrund getrennt ist.

Im pornographischen Bild fällt das semiologische „Sprechen" (vor Babel ...) mit dem semantischen Sprechen (nach Babel ...) zusammen; während das künstlerische Bild, aber auch das dokumentarische Foto einen Überschuss an semantischen Konnotationen enthält, der das *semeion* quantenartig multiplizieren, sprengen kann. Ebenso kann es keine pornographische Malerei geben; die Leinwand selbst tritt zwischen Objekt und Begehren, dennoch ist, wie Nancy sagt, *die Malerei die Kunst der Körper, weil sie nur die Haut kennt, sie ist Haut durch und durch.*

Ebenso repräsentiert das pornographische Bild nichts, stellt nichts dar als sich selbst, seine elementaren Zeichen; es gibt hier kein „als ob", keine Stellvertretung; die Pro-Stitution kann nicht noch einmal pro-stituiert werden. Es pro-stituiert so aber eine mächtige Bewegung der Moderne, insbesondere seit 1989, dem Zusammenbruch; Kollaps des ideellen Streites, der Idee selbst und einer sogenannten „Globalisierung" (in Wirklichkeit noch immer vorherrschend Amerikanisierung). Seitdem verschiebt sich jede Repräsentation in die pure, nackte Präsentation bis in eine Zone der Ununterscheidbarkeit, in den Medien (Kollaps des Recherchierjournalismus, der Debatte; Blüte der Gratisblätter etc.), der Politik (einer der den Demokratien inhärente aporetische Zwangsbewegung der „Wahl-Präsentation") wie den Künsten (Performance; Jeff Koons, Damian Hirst; Kollaps des Autorenfilms, „Regietheater").

ein einziges mal sah ich einen mann masturbieren, in marseille, besser ein männchen, auf offener straße, jener vom bahnhof zum hafen hinunter (oder hinauf), die hosen auf die knie herabgeschoben, halb gegen eine hausmauer gelehnt, ohne jede bemühung, sich zu verbergen, nicht weit von einer laterne, die passanten gingen vorbei.

Bataille betont immer wieder die Verwandtschaft, Nähe der Erotik zur Gewalt und zum Tod. Die erstere ist ohne weiteres phänomenologisch beglaubigt (ich kann auf den ersten Blick nicht unterscheiden, ob sich zwei Körper in der Zerreißung, Tötung oder Liebe befinden (die Umklammerung bestimmt beide), die zweite bestimmt sich aus dem gemeinsamen Fluchtpunkt: der Überwindung der Diskontinuität: Einheit aber ist nie von dieser Welt (wie Wittgenstein später sagen wird: *Der Tod ist kein Ereignis des Lebens.*)
Die Schönheit des weiblichen Geschlechts ist im Abendland niemals angenommen, kodifiziert worden, während im antiken – dionysischen – Hellas und noch in Rom der Phallus gefeiert wurde. Bei Parmenides hieß es: *Als erster freilich Eros der Götter hat sie erraten alle.*
Aber der abendländische Körper war schon vor dem Christentum zerrissen durch Platons Ideen wie auch die aristotelischen Teilungen; es wird unmöglich sein, ihn wiederzufinden.

Die Faszination des Sado-Masochismus rührt vor allem daher, weil er einen Ritus, Kultus darstellt, an strenge Maximen, Regeln, Imperative, die Errichtung eines eigenen Raumes und Zeit und insbesondere einen Kultus der

Dinge gebunden ist; Ritus und die *nature morte* der Dinge zeichneten aber jede erotische Kultur aus, (z.B. das Kamasutra, in welchem die Präliminarien, Zeremonien der „Vorspiele" mehr Raum einnehmen als der sexuelle Ritus selbst); aber auch daher, wie S. Sontag gezeigt hat, dass der SM dem Status des Ich, Subjektes (das seit Descartes tatsächlich das *sub-jectum*, das allem Zugrundeliegende ist) eine ganz andere Bestimmung, Hypostase, nämlich die seiner Aufhebung, gibt.

Im X fallen semiologisches und semantisches Moment zusammen; Kreuzung wie Spaltung; zugleich ist das X Zeichen, Supplement der Stellvertretung, Prostitution, der Anonymität und der unendlichen Multiplikation (x mal, zum xten Male), zugleich das Zeichen der Unbekannten in jeder mathematischen Gleichung.

das kabarett, diese letzte form öffentlicher erotischer kultur, zentriert um die silberne stange in der mitte der bühne, phallus und himmelsleiter in einem, wiederholt, doubelt den kreuzungspunkt des geschlechtes, der MITTE, indem es vollkommene wahrheit und lüge zugleich ist. die zuflüsterungen der frauen sind nicht lüge, sie sind provisorien, aber was wäre nicht provisorium in dieser welt? ihre blicke sind wie scheinwerfer, die dich anleuchten, erwarten; nirgends wird dir eine gastfreundschaft wie in diesem schwarzen loch des begehrens angeboten: eine frau tritt zu dir; sie spricht nicht nur sogleich mit dir, gibt dir worte, als seist du ihr bekannt seit aller Zeit, sie legt auch ihren arm um deinen hals, ihren kopf an deinen, ihr hand in deine: teil des tausches.

Warum wecken alte, historische Aktfotos nicht unser Begehren? Weil ich weiß, dass ich in diese Frau nicht ein-

dringen könnte? Dass dieser Körper transitorisch war? Weil also diese Körper für uns selbst virtuell unerreichbar sind? *(Lasst die Toten ihre Toten begraben.)*
Aber es sind doch wirkliche Körper, realistische *photographien*: ist dann die Wirklichkeit nicht eine Maske des Todes? So muss der Besuch im Hades sein: die Körper sind und sind nicht.
(Es scheint ja, als hätten sich der Körper, die Körper, ihre Natur seit der Zeit der Aufnahme selbst verändert – als wäre dies ein anderes Fleisch ... Jede Fotografie gehört so dem Tode, sie hat den Kampf von Beginn an verloren, weil sie den Gegner gleichsam auf der gleichen Ebene sucht: der „Wirklichkeit". Dagegen gehen die Bilder Bellinis, Tizians, Botticellis ... und der Menschen Antlitze auf ihnen unangetastet durch die Zeit.)

Tizians Bild „Die irdische und die himmlische Liebe" ist vielleicht eines der größten Zeugnisse der erotischen Erfahrung wie der danteschen Liebe. Die Differenz der beiden Frauen ist geringer als ihre Gemeinschaft; weit davon entfernt, Gegensätze zu sein, erweisen sie sich vielmehr als differente Weisen des Gleichen. Ähnlich eine Notiz Kafkas: *Die sinnliche Liebe täuscht über die himmlische hinweg; allein könnte sie es nicht, aber da sie das Element der himmlischen Liebe unbewusst in sich hat, kann sie es.*

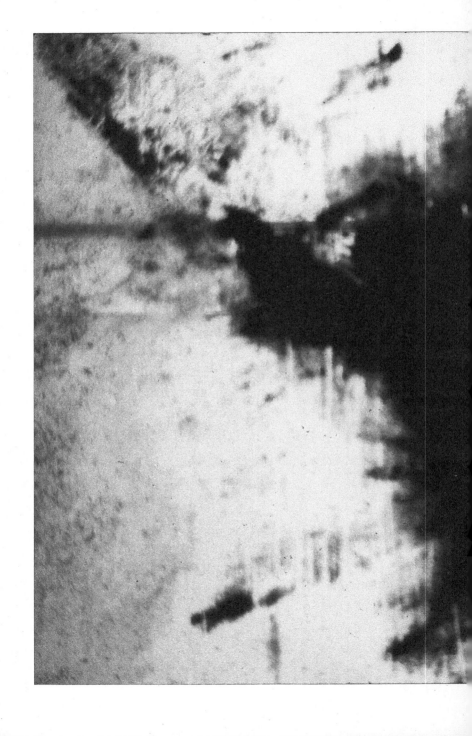

– es bist nicht du, der das geschlecht ansieht, es ist das geschlecht, das dich ansieht

– „es gibt in der sinnlichkeit eine verwirrung und ein gefühl des ertrinkens, ähnlich dem unbehagen, das von leichen ausgeht." (bataille)

– es ist nicht möglich, über das geschlecht, den eros wie ein objekt zu schreiben. der schreibt ist immer schon mann oder frau, sein geschlecht schreibt immer schon mit; mein „mann-sein" kann ich nicht noch einmal reflektieren, es setzt mich voraus

– die sünde ist ein weg, eine spur: sie muss ein begehren, ein ziel haben – ihre aufhebung. daran – an die erlösung – ist sie gebunden.

– das wesen der hure, der hurenschrift, der porno-graphia ist die öffnung, die den stiletto einlässt

– ein unendlicher kreis, du selbst kommst ja aus diesem schoß, in den du einzudringen suchst, du suchst also in dich einzudringen

– deine leibeigenschaft kannst du nicht verlieren

– die verwandtesten bilder der porno-graphia: jene des jüngsten gerichtes und der shoa

– natürlich ist der einfallswinkel für die porno-graphia heute weit offen, weil wir tatsächlich nackt geworden sind, weil dieser körper das einzige ist, was wir noch besitzen nach dem tod gottes

– *nach dem tod gottes brach das fleisch auf, sein blut hat bis heute nicht aufgehört zu fließen ... die porno-graphia sammelt es ein und führt es uns – destilliert – wieder zu – als lüge wie als wahrheit*

– *ein paar hat immer etwas vollendetes – und etwas tierisches; vollendet, weil es die gefundene einheit des polaren zu repräsentieren scheint; etwas tierisches, weil die triebe es zueinander geführt haben*

– *immer verspricht das Begehren ein licht, lichtung, öffnung, GENESIS – es werde licht*

– *die pro-stitution, das für etwas stehen als wahrheit; in der welt gibt es nichts anderes als pro-stitution*

– *in der jüdischen tradition, deren sexuelle regulative ganz andere als jene des christentums sind und die noch den „brauthimmel" kennt, bestätigt die beschneidung die MITTE, den JAWHE-bund*

– *derridas intention war es nachzuweisen, dass die schrift, die* graphia, *gleich ursprünglich ist wie die sprache; tatsächlich findet dies seine bestätigung in der porno-graphia; immer schon war da diese schrift der körper, des geschlechtes (in den ersten tonfiguren etc.)*

– *einmal angesehen, erlischt das pornographische bild unrettbar – das begehren ist der natalität verpflichtet*

–*„zwar steht das begehren im bezug zu einem gegebenen mangel, aber dieser mangel ist essentiell und unaufhebbar. es gibt kein objekt, welches das begehren* *stillen, befriedigen könnte, nichts, das die situation des mangels zu beseitigen vermag." (lacan)*

– dieses sich wundreiben der leiber um ein nichts herum

– in den entscheidenden momenten des lebens aber spielt die porno-graphia keine rolle, sie fällt ab wie ein welkes blatt

ANNOTATIONEN

[1] Hieronymus Bosch, *Der Garten der Lüste*, Mittelteil, ca. 1505

[2] Sandro Botticelli, *Die Geburt der Venus*, um 1584-1486

[3] Sandro Botticelli, *Das Gastmahl des Nastagio degli Onesti*. 1482-1483

[4] US-*Penthouse*, 1993

[5] *Magma*-Film, 1996

[6] *Private*-Magazin, 2007

[7] aus: *Mein heimliches Auge*, 2001

[8] Tizian, *Die himmlische und die irdische Liebe*, 1515

[9] Die Frage des Körpers ist heute die eines Komplexes, Ensembles von Industrien (Pharma-Konzerne, Fitness-Schönheits-Firmen, der

Versicherungen, Staatshaushalte („Gesundheitskosten") Forschung, Wissenschaft, Medien etc.). In diese Bio-Politik rechnen aber ebenso die brutalen, parallelen Ausmerzungen, Vernichtungen des kranken, potentiell kranken, gefährlichen Tieres (Rinderwahnsinn, Sars, Vogelgrippe etc.) Man kann sagen, das Innerste des Menschen, seine Gezeugtheit, Zeugung, *genos* sei in einen Wirbel, Sog geraten, dessen Konsequenzen von größerer Tragweite als jene der Globalisierung sind; der Körper steht *als Ganzes* neu zur Disposition.

Natürlich war in diesen Verwerfungen seit S. Sontags Essay auch der Feminismus ein entscheidender Generator. *Der Körper präsentiert sich selbst als ein Bedeutungsmangel* schrieb Judith Butler in „Das Unbehagen der Geschlechter" (1990). Die Körperoberfläche dient ihr als leere „Bühne"; Identitäten sind „Stile des Fleisches".

[10] Was Bataille (und „Pauline Reage"), später auch – miszellenhaft – Robbe-Grillet, Unica Zürn, Claude Simon gelungen war, die *porno-graphia* ins literarische *Werk* zu setzen (wie Hans Bellmer, Andre Masson u.a. ins Bildnerische), blieb ausgerechnet im Film, dem seit den 70er Jahren dominierenden *medium* der *porno-graphia* ein Unikat: Oshimas Film „Reich der Sinne" von 1975; dies zeigt, wie schwierig jener praktische, praktizierte Zugang zur MITTE ist, der sich nur in unikaten Momenten ereignen kann.

[11] Kant war es auch, der bekanntlich die Ehe als Institution *zum gegenseitigen Gebrauch der Geschlechtsorgane* bestimmt hat (also als *porno-graphia*)

[12] Einen Anklang, Vorklang des sadeschen Reiches kann man dagegen in der höfischen französischen Cembalo-Musik, insbesondere bei Louis Couperin hören, dem Bruder Francois Couperin, der von 1657 bis zu seinem frühen Tod 1661 *ordinaire de la chambre du roi* am Hofe Ludwigs XIV war. Der seinen Suiten (zu denen der König selbst wie der Hof zu genau reglementierten Schritten tanzte) eingeschriebene Doppelcharakter von Begehren und Disziplinierung, die Konstruktion des Cembalos aus Natur (den tierischen Materialien der Saiten) und Maschine (das Cembalo als Ahne wie Komplice der fast zeitgleich entwickelten ersten Automaten) ist auch die Signatur der Texte Sades, seines rituellen Lust- und Macht-Phantasmas. Das bei Couperin noch disziplinierte, unsichtbare Begehren, gedoubelte

Sprechen ist bei Sade aufgedeckt, ex-hibitioniert aus aller Verkleidung, Sublimierung herausgerissen – doch sofort in ein neues Dispositiv der Disziplinierungen, Formalisierungen, Ritualisierungen, Organisierungen geprägt, gebarrt.
Bei Nicolo Paganini (1782-1840), der schon ab 1793 öffentlich auftrat, ist die pornographische Barrung der Musik evident; sie eignet sich das Hochglanz-Virtuosentum an, das noch heute die pornographischen Produkte bestimmt, jedoch um eine leere Mitte herum – wo in der *porno-graphia* das Geschlecht die unberuhigbare Mitte ist, ist in der pornographischen Abstraktion der Musik Paganinis nur Leere; ebenso folgt die moderne Politik wie das Medienspektakel der pornographischen Matrix der Entblößung, jedoch lediglich der Entblößung des Nichts ...

[13] Auch wenn Sades Werk in keiner Weise die Matrix der heutigen teletechnologischen Konsum-Pornographie darstellt (Bataille sah die Limitierungen des Sade'schen Werkes lakonisch:*Nicht genug damit, dass der souveräne Mensch, den Sade imaginierte, das Mögliche hinter sich lässt, hat auch sein Denken kaum länger als einen Augenblick den Schlaf des Gerechten gestört)*, gehört er doch zweifellos in die Matrix, der *graphia* des *pornos, der porne*. Die Ausrufung des „Göttlichen Marquis" durch die Surrealisten, die intellektuelle, künstlerische Eruption, die er bei ihnen entzündete, kulminiert im Begriff der *Souveränität*. Auch für Bataille, Blanchot, Klossowski, seine wichtigsten Hermeneuten, entzündete sich das Denken der Souveränität, jenes alten Versprechens der Aufklärung, an Sades Werk von neuem. Bataille: *Die souveräne, absolute Freiheit wurde – in der Literatur – nach der revolutionären Negation des Königtums ins Auge gefasst*. Dass Souveränität ebenso ein Akt der Negation ist, betont Blanchot: *Das Zentrum der sadeschen Welt bildet die Forderung der Souveränität, die sich in einer unermesslichen Negation ausspricht (...) Die Moral Sades gründet sich auf die Urtatsache der absoluten Einsamkeit (...) der wahre Mensch weiß, dass er allein ist, und er akzeptiert es; alles, was sich in ihm, eine Erbschaft von siebzehn Jahrhunderten Feigheit, auf andere und nicht auf ihn selbst bezieht, negiert er*. Bataille: *In den „cent vingt journees de sodome", geschrieben im Gefängnis, entwarf er zum ersten Mal das Bild eines souveränen Lebens, das ein ruchloses Leben von Wüstlingen war, verbrecherischer Wollust gewidmet ... dieses Denken ist zweifellos*

künstlich. Blanchot: *Das düstere und geheime Verbrechen ist bedeutender als alles, weil es der Akt einer Seele ist, die in sich selbst alles zerstört und eine ungeheure Kraft akkumuliert hat, welche ganz in der Bewegung der Totalzerstörung aufgehen wird. Sade bot seinen Lesern ein Bild souveräner Menschen, die sich ihre Vorrechte nicht mehr von der Masse bestätigen ließen: Sade behauptet die Einzigkeit seiner Helden.* Was bleibt, ist zumindest die Souveränität des sadeschen Werkes selbst; Blanchot: *Man kann zugeben, dass es in keiner Literatur und zu keiner Zeit ein derart skandalöses Werk gegeben hat.* Klossowski stellte seinem Buch über Sade folgendes Motto voran: *Wenn es irgendeinem Freidenker eingefallen wäre, den heiligen Benoit Labre zu fragen, was er von seinem Zeitgenossen, dem de Sade halte, hätte der Heilige ohne zu zögern geantwortet: Er ist mein Nächster.* Auch S. Sontag sah, dass das Zentrum des Sade'schen Werkes nicht irgendwelche Praktiken, Wollüste, sondern Ideen sind: *Der Expresszug der sadeschen Exzesse rast auf einem endlosen, aber ebenen Geleise hin. Seine Schilderungen sind zu schematisch, als dass sie sinnlich wirken könnten. Die dargestellten Ereignisse wirken eher wie Veranschaulichungen seiner unablässig wiederholten Ideen.*

[14] Das Lager als „*nomos* der Gegenwart" ist also bei Pasolini bereits gesehen, errichtet ... Noch wenige Jahre zuvor, 1968, hatte Pasolini in „Teorema- Geometrie der Liebe" den beinahe hyperbolischen Versuch unternommen, den Eros, Sexus als heilende Macht am Beispiel einer Familie der Mailänder Bourgeosie darzustellen, die von einem jungen Mann Besuch erhält, der mit allen Mitgliedern der Familie schläft und sie so ihrer neurotischen Erstarrungen bewusst werden lässt und sie zugleich aus jener weckt, nicht einer Entelechie eines phantasmatischen Glücks wegen, sondern der Erfahrung der Existenz als des heraklitischen *ethos anthropos daimon* wegen: der „Aufenthalt" (ethos) des Menschen ist jener seiner Zerreißung (daimon).

[15] Die „nackte Wahrheit" war bekanntlich ein beliebter Terminus der Aufklärung, unter die schon vom Titel her die *therese philosophe* von Jean Baptist Argand wie auch „Fanny Hill" (beide 1748) zählen; diese verspricht die „splitternackte Wahrheit" zu sagen („dark nake truth"); Francis Bacon, Nestor der modernen Wissenschaft hatte die Wahrheit mit „nacktem offenem Tageslicht" gleichgesetzt („a naked and open day-light").

[16] Kubricks letzter Film „Eyes wide shut", eng an Schnitzlers „Traumnovelle" angelehnt, ist ein Vermächtnis dieser schwankenden Gelände, Territorien. Er weckte zunächst weniger Bewunderung als Kubricks frühere Werke, weil er scheinbar Hollywood-Konventionen- und Sentimentalismen folgt, doch ist es ja gerade diese Konvention, die in „Eyes wide shut" in ihren eigenen Abgrund stürzt. Ein Mann, Arzt (für den Kubrick bewusst den vollkommen blassen, von allen Konventions-Erkrankungen infizierten Hollywood-Star Tom Cruise als Darsteller ausgewählt hat), gerät nach einem Streit mit seiner Gattin gleichsam in *einem* Augenblick in das Labyrinth des Eros einer nächtlichen amerikanischen Großstadt, erfüllt von Blanchots „Rieseln", durcheilt wie die danteschen Höllenkreise von gelben Taxis gleich Kafkas Kurieren ohne Adressaten, in welchem bald jede Figur wie ein zumindest potentieller Komplize, Wächter, Zeuge, Täter, Opfer erotischer Herrschaft, erotischen „Spieles" erscheint, dies zur Weihnachtszeit, deren giftige Tannenbäume sich mit den Lichtern der Stadt zu einem Spiegelkabinett der Blendungen, Verführungen, Irre-führungen verbündet; er gerät – uneingeladen – in eine Schloss-Orgie-Messe, deren Passwort ausgerechnet „Fidelio" lautet und in der Frauen, groß wie Himmelsleitern und gleißender Schönheit ihrer nackten Leiber sich scheinbar grenzen- wie hemmungslos Männern hingeben. Was aber in dieser Nacht, diesem Haus, wirklich geschieht, bleibt unklar: eine tote Frau liegt am Morgen plötzlich im Leichenschauhaus … Kubrick verweigert jede Deutungsentscheidung, jede Möglichkeit der Essenzialisierung, jede Schließung der – abwesenden – Mitte. Am Ende schließt sich der Kreis, um sich sogleich wieder ins Unendliche zu öffnen. Auf die Frage ihres Mannes, was sie jetzt tun sollen, sagt seine Gattin: „Ficken."

[17] Dass die „Natur" des Menschen stets ein Konstrukt ist, das ohne Möglichkeit der Essenz in der beständigen Schwankung bleibt, zeigt die Geschichte dieses lateinischen Begriffes, der bereits ganz anders konnotiert ist als die griechische *physis*. Nach dem „Tode Gottes" und damit der platonisch-christlichen Leib-Seele-Ordnungen, stand die Definition der Natur von neuem zur Disposition. Das Werk Shakespeares, in dem die Neuzeit gleichsam in einem monströsen Feuerwerk von Bildern, Handlungen, Leidenschaften explodiert und *nature* ein Leitwort ist, kann als ebenso großer wie scheiternder Versuch gelesen werden, dieser einen Ort, eine Bestimmung, *de-*

finition zuzuweisen: In „King Lear" gerät der Begriff der *nature* von Beginn an in eine schwindelerregende Krise. Während Lear bei der Reichsteilung noch postulieren kann: *Sagt mir meine Töchter, welche von euch liebt uns am meisten, damit wir unsere größte Freigebigkeit da ausdehnen können, wo Natur mit Verdienst fordert?*, wirft er Augenblicke später Cordelia, seine jüngste Tochter, dem König von Frankreich hin, *als eine, die weder unsere Natur noch unsere Stellung ertragen kann, eine Elende, bei der sich die Natur fast schämt;* was kurz darauf Gloucester mit den Worten beklagt: *Der König fällt ab vom Lauf der Natur*. Vergeblich fleht Lear später Regan nach der Vertreibung aus Gonerils Schloss an: *Du kennst besser die Pflichten der Natur, das Band der Kindschaft*. Edmund ruft dagegen in einer julietteschen Antizipation: *Du Natur bist meine Göttin, deinem Gesetz sind meine Dienste verpflichtet"*, um dann der julietteschen Logik folgend heuchlerisch *die Unnatur zwischen Vater und Kind* zu beklagen, so dass Albany ihm versichern wird: *Naturen von so tiefer Verlässlichkeit wie Sie werden wir sehr brauchen*.

Das „Herz", ein anderes, fast inflationäres Leitwort des Textes, ist wie die *nature* der nie zu findende Ort. Auch Lears Forderung vermag daran nichts zu modifizieren: *Dann lasst Regan sezieren, sehen, was um ihr Herz herum wächst. Gibt es irgendeine Ursache in der Natur, die diese harten Herzen macht?* Es gibt nur das – chimärenhafte – Abfallen von ihr, nur in der Negation ist sie zu bestimmen. Sie ist also die Mitte, Matrix ist in der Weise ihrer eigenen Abwesenheit um die zugleich sich der Nihilismus öffnet: *Wie Fliegen für mutwillige Jungen sind wir für die Götter; sie töten uns zum Spaß*. Die Natur antwortet nicht auf ihre Anrufung: *Höre Natur, höre, Teure Göttin, höre! Schieb dein Vorhaben auf, wenn du beabsichtigt hast, diese Kreatur fruchtbar zu machen ... Tiger, nicht Töchter ...* Notwendig fallen Lear wie auch Edmund in den Abgrund ihrer Worte: *Wer kann mir sagen, wer ich bin?*, bis zum Widerruf jeder Natur: *Ich habe ihn nie gezeugt ... Ich will meine Natur vergessen*.

Einer der erregendsten und maßgebendsten Versuche, den Körper zu denken, ist Jean-Luc Nancys Werk „Corpus" (2000). Der Klappentext des *diaphanes*-Verlag schreibt ebenso treffend wie kryptisch: *Nancys Denken löst den Begriff des Körpers aus den dualistischen Umklammerungen von Materie und Geist, Leib und Seele, Innen und Außen und überführt das unter dem Diktat der Bedeutung stehende Schreiben vom Körper in ein „Entschreiben" des Körpers*. Diese „Entschreibung" beginnt und „ent-schreibt" sich entlang des *hoc est enim corpus meum* der katholischen Messe wie Freuds posthum veröffentlichte Notiz: *Psyche ist ausgedehnt, weiß nichts davon.* Nancy: *Wir sind besessen davon, ein Dies zu zeigen und uns davon zu überzeugen, dass dieses Dies hier eben das ist, was man weder sehen noch berühren kann ... Die Angst, das Begehren, den Leib Gottes zu sehen, zu berühren und zu essen, dieser Körper zu sein und nichts als das zu sein, bilden das (Un)Vernunftsprinzip des Abendlandes. Wenn* Hoc es enim corpus meum *etwas aussagt, dann steht es außerhalb des Sprechens, es wird nicht gesagt, es wird entschrieben (...) Der Schrift widerfährt nie etwas anderes, falls ihr überhaupt etwas widerfährt, als zu berühren. Genauer: den Körper mit dem Unkörperlichen des Sinns zu berühren ... Man muss also ausgehend von diesem Körper schreiben, den wir weder haben noch der wir sind: aber in dem das Sein entschrieben ist.* Auch Nancys Reflexionen, die alle Konventionen, Regeln des philosophischen Textes missachten, überschreiten liegt (politisch) die Matrix des neuen Biologismus zugrunde: *Sollten wir den Himmel erfunden haben, einzig um aus ihm Körper herniederstürzen zu lassen. Glauben wir nicht, damit abgeschlossen zu haben ... Wir sprechen nicht mehr über Sünde, wir haben erlöste Körper, Körper voller Gesundheit, Sport, Vergnügen. Aber wer sieht denn nicht, dass das Desaster davon nur schlimmer wird: Der Körper ist immer weiter gefallen, tiefer ... Der „Körper" ist unsere entblößte Angst.* Manchmal berührt sich Nancys Denken und Schreiben mit jenem Artauds, so wenn Nancy schreibt: *Der ontologische Körper ist noch nicht gedacht worden. Die Ontologie ist noch nicht gedacht worden, insofern sie fundamental Ontologie des Körpers ist.* Artaud: *ich nehme es nicht hin, meinen körper nicht selbst gemacht zu haben/und ich hasse und verachte als feigling jedes wesen, das hinnimmt, zu leben ohne sich vorher erneuert zu haben (...)/derjenige, der diese sprache erfand, ist nicht einmal „ich"/ wir sind noch nicht geboren,/wir sind noch nicht auf der welt,/es gibt noch keine welt,/die dinge sind noch nicht gemacht,/der sinn des seins ist noch nicht gefunden.*

(Erstveröffentlichung in „Der erotische Blick" konkursbuch 47, Tübingen, 2009)

VIII
NOTATE

– hütete einige tage die hühner der nachbarn – jeder ihrer schritte ist ein ereignis, umsichtig, vorsichtig „man muss vorsichtig auftreten, man könnte einbrechen" (g. büchner) – jeder schritt zugleich von stolz begleitet, des ganzen corpus, des erhobenen hauptes – so muss die weltgeschichte schritt für schritt vor sich gegangen sein – jeder blick immer eine wendung des ganzen hauptes eine entscheidung, niemals lau, niemals im limbus –
zugleich verschleierung der mühe – der ärger darüber, des fluges beraubt zu sein – wenn eine verwirrung eintritt, durch eine gefahr oder turbulenz in der nähe, die die hühner zu einer art flucht nötigt, zu welcher sie ja aber aufgrund ihrer flügel-beschneidung nicht wirklich fähig sind, vielmehr genötigt zu einem unschönen watschelgang, der sie ganz offensichtlich selbst beschämt, verdrießt, dem sie sich aber zugleich wieder zu entledigen wissen; umso stolzer wird weitermarschiert ... die füße wie stelzen, wie auf dem laufsteg – immer reine präsentation – und zugleich repräsentation.
so muss kolumbus die ufer der neuen welt betreten haben, mit diesen blicken nach allen seiten, geschwelltem kamm ... der schritt des huhnes folgt stets dem gleichen takt-schlag, der in sich ein moment der ewigkeit trägt, denn dieser rhythmus scheint sich selbst gefunden zu haben und unaufhebbar zu sein. – entsprechend erhobenen hauptes wird dieser immer gleiche, nie weiter erhöhbare schritt vollzogen

– eines tages hatte er den raum des „alters" betreten, ohne dies bemerkt zu haben, ohne den raum von jenem nebenan, aus dem er gekommen war, als einen anderen zu empfinden, erinnern; vielleicht waren hier im Raum des alters die wände etwas fahler, auch war er sehr leer, doch dieselben fenster, dieselben alten schmuckfresken an der decke; man rief es ihm zu, von draußen, dass er im „alter" sei, dass er selbst „alt" sei – ohne dass er verstanden hätte, was die rufer meinten, denn er spürte keine veränderung, weder durch oder in diesen raum noch bei sich selbst ... die rufe jedoch hielten an, dann gingen sie in ein lachen über ... sie versickerten bald im lauen wind, der durch die fenster strömte ... er aber dachte, dass er als mensch – vom wort gemacht, nicht von der zahl – nie ein „alter" haben könne, würde ...

– das unbegreifliche vorbeiziehen der welt, die erst jetzt aus dem nebel aufragt: dies ist die erfahrung des alters ... die den sehenden nun sich selbst als einen der steine am ufer sehen lässt.

– der blick marias in lorenzettis gemälde „la madonna del tramonti" (basilica inferiori di s. francesco, assisi) wendet sich gleichermaßen nach außen, wie er in sich selbst zurückgenommen ist ... „bildend ge-bildet"; es ist in vieler hinsicht die weltlichste madonna, die je gemalt wurde: groß, aufrecht, schön, gekleidet in wunderbare blaue gewänder, die linke hand auf die mitte der brust gelegt ; nicht nur ihre gloriole, auch ihre haupt überragt jene der beiden männer, jünglinge: johannes und francesco – sie neigt ihr haupt zum kind, dem ihr augen-aufschlag gilt: was könnten wir anderes tun als solche neigung? solchen augen-aufschlag?

– wie kam die todesangst in die welt? – ist sie so selbstverständlich? man geht vom unbekannten ins unbekannte; warum sollte jenes kommende unbekannte „dunkler" sein als das dich jetzt umgebende, vorbeiziehende unbekannte?

– alle großen werke gehen jeden tag wie die sterne am himmel neu auf

– jeder gläubige glaubt noch einmal anders als sein kirchenbanknachbar – die leibnizsche monade ist nicht zu öffnen (weswegen leibniz sie ja auch fensterlos nennt …)

– kants kritiken beruhen auch bereits auf der „erfahrung" (zur verwehrung der eigentlichen erfahrung seitdem vgl. benjamin), umgebung des bürgerlichen (des königsberger bürgertums)

– die „behinderten" (hier in scharans im heim scalottas) sind die einzigen individuen – jeder stellt unübersehbar einen eigenen kontinent vor – die binaritäten – gut-böse/reich-arm etc. – scheinen nicht bei ihnen zu greifen, auch jene von glück und unglück nicht … nichts deutet darauf hin, dass ihre welt der unseren irgendwie unterlegen wäre …

– seit beethoven ist die musik auch durch einen kampf um ihr „ende", schlusspunkt, finale gezeichnet – gleichsam als sammlung ihres mehrwerts, ihrer einfügung in die siegerlisten: wie eine sinfonie zu ende führen? hier blieben auch beethoven peinlichkeiten nicht erspart; es fehlt die fuge, die von selbst an den nächsten stein stößt …

– das leben führt, wie meister eckhart, nietzsche, so viele zeigen, tatsächlich angenommen, in die hypostase; diese ist zugleich das wesen der entelechie (wenn diese nicht banal nur als bio-logische genommen wird …); in der gegenwart folgt z.b. das werk lars von triers dieser maxime: das undenkbare denken … der nazarener: der außergewöhnliche, der mögliche mensch … – noch lange, im erwartung und hoffnung immer, wird vom orient-okzident bleiben, was hölderlin in „patmos" die grüße „der liebenden von den entferntesten gipfeln" nennt ...

– wittgenstein hat die dispositionen, möglichkeiten und grenzen der logik (die zugleich jene der sprache, grammatik sind) am deutlichsten abgesteckt. sie kann die grundfragen nicht beantworten: „warum ist überhaupt seiendes und nicht vielmehr nichts?"; sie kann sich ebenso wenig selbst befragen – nietzsche hat in seinen späten fragmenten daher versucht, die logik zu „dekonstruieren" – (was versuch blieb, wie auch jeder mystische); – umso wichtiger die frage nach dem tier – das zweifellos von ganz anderem „lebt" – jedenfalls nicht von sprache-logik wie der mensch; von was aber es „lebt", können wir eben aufgrund der grenzen der logik nicht und nie beantworten – daher erscheint jedoch immer wieder am horizont mittelalterlicher texte und bilder das bild der eschatologischen versöhnung von tier und mensch – und eben in dieser ikonographie ist die begegnung des wolfes mit franziskus (anonymus: s.francesco e il lup di gubbio, pienza) so bedeutend ... vergessen gegangen ist, dass die menschheitsgeschichte mit der verehrung des tieres beginnt, in lascaux, ägypten, überall ...

– zu den fast nie reflektierten, aber permanent gebrauchten begriffen gehört jener des individuums, des von sich selbst untrennbaren, was auch das unteilbare ist – nur die leibnizsche monade vermittelt eine ahnung davon – tatsächlich aber sind die begriffe des individuums und der gemeinschaft nicht zu versöhnen ... was hier wieder vergessen wird, ist die intellektuelle redlichkeit als das einzige, wie nietzsche sagte, was dem menschen bleibt; jede wahre individualität muss sich als hypostase entäußern ...
– der „tod gottes", das folgenschwerste ereignis der neuzeit (ihr eigentliches *wesen*), war, ist zugleich der tod des

todes, nicht im sinne der lazarus-perikope (ihrer deutung z.b. bei blanchot), sondern im sinne des tatsächlichen verlustes der transzendenz; christliches leben war auf den tod zu (als tor zum jüngsten gericht), jüdisches auf das kommen des messias, islamisches auf allah. in den animistischen religionen war der tod immer teil des lebens. die moderne hat ihn gleichsam ausgeschieden, einen neuen manichäismus errichtet.

aries hat dieses verschwinden, verbergen des todes, sterbens ja eindringlich dokumentiert; seit seinem werk haben sich diese lautlosen praktiken der todes-entsorgung noch viel weiter entwickelt; sie haben längst den scheitelpunkt einer völligen absurdität überschritten; sie verstellen zugleich natürlich das leben – der tod ist nicht mehr *telos*, zielpunkt in irgendeiner weise ... er ist leere oder vom phantasma gefüllt; das genre der „biographie" konnte tatsächlich nur entstehen (um 1750) durch das vergessen der thanatographie; dieses umfasst auch das vergessen der hypostase, in welcher form auch immer, jener der predigten meister eckharts, katharina von sienas, so vieler andere „heiliger", aber auch jener hölderlins, nietzsches, simone weils, artauds, batailles; das leben erscheint wie eine diesem mitgegebene bzw. dieses enthaltene pappschachtel, die ausgepackt – und anschließend wieder geschlossen wird ...

dabei leben wir ja so kurz und sind so lange tot ... daher ist das leben vom tod her zu leben und zu denken – wie die pyramidenbauer wussten; zugleich ist das leben unaufhebbar vom unmöglichen umschlossen: nämlich jeglichem wissen-„verstehen" des lebens wie des todes ...

als ich als jugendlicher faust das erste mal las, packte mich ein entsetzen, das heute sogleich wieder erwacht, bei der geringsten erinnerung an diesen text ... faust hat mit dem tod – in seiner schrecklichsten form-gestalt – einen pakt geschlossen, nicht mit mephisto – es war ja klar, dass die 24 jahre, die den pakt umgrenzten, nichts waren, sogleich zermelzen würden, weniger als ein nichts ... aber dennoch sind wir alle seitdem, seit diesem 1776-94, von diesem pakt umschlossen, den der biologismus für mephisto übernommen hat

wir wissen nur von der todesangst, schon als „kind" (was ist das? war das?) verfolgte sie mich, die angst bzw. der verfolger, der in der angst, in den träumen als der mörder, töter erschien, als derjenige, der den tod androhte, seinen sofortigen vollzug, jetzt, ein jetzt, das meistens die nacht war, der abend, das dunkel, aber auch die einsamkeit, unmöglich war es, ohne angst nachts durch die straßen, gassen der kleinstadt zu gehen, noch unmöglicher, in der natur, im wald ... es war tatsächlich die angst vor der mordung, nichts weniger, nichts mehr; diese todesangst ging mir gleichsam voraus, als hätte sie mich aus dem mutterschoß gelockt oder geworfen, geschleudert, um ihr so als opfer dienen zu können. sie war also schon da, als ich „auf die welt kam" – welche welt welches welten? warum hier, im abendland? warum jetzt, jetzt gerade, ein immerjetzt, immer schon getilgt, gelöscht.

– „geburt", gebürtigkeit ist eines der zentralworte meister eckharts und seines werkes; es meint nichts anderes als die fortwährende hypostase, jenes „komm ins offene – freund!" hölderlins – dieses offene ist das SEIN

– der tatsächliche perspektivenwechsel des alters: was ich vormals als kommendes sah, sehe ich nun als vergehendes; davon unberührt ist allerdings die nur scheinbar banale frage: HAT DER MENSCH EIN ALTER?

– man kann eine leben mit *einer* erdumdrehung vergleichen einer von unendlichen, die dennoch jedes mal ein geschlossenes werk darstellt –

– jedes IST „ist" nur im Modus des Werdens oder Vergehens; d.h. es hebt sich in jedem Moment auf es *ist* also nur im Modus des Nicht-Seins; diese Aporien anzunehmen, ist die Aufgabe jedes Gegenwärtigen und – wie es scheint – auch zukünftigen Denkens

– wir werden immer ptolemäer bleiben; die welt ist nicht anders wahrzunehmen als die jeweils unsere, die jeweilige, die sich um uns dreht; die existenziale wahrheit also liegt bei ptolemäus, die physikalische bei kopernikus (vielleicht, vorläufig …?) – doch die phänomenologie, die uns einzig bleibt, erfasst nur das wenigste – und gemäß der monade stets „individuelles" – das verlassen der phänomenologie bedeutet dennoch das verlassen der welt – der einzigen eben, die uns gegeben ist; darum sind alle zahlenspiele (die galaxien sind millionen lichtjahre entfernt etc.) so sinn- wie bedeutungslos: immer übertrifft sie heraklits wort: „die sonne ist so groß, wie sie uns erscheint."

– hölderlin nennt die sprache das „der güter gefährlichste" – denn natürlich kam mit der sprache auch die möglichkeit des verschweigens und der lüge – sowie aller jener „irrungen", der eingrenzungen der logik, die wittgenstein bloßgelegt hat …

– unsere phänomenologie ist immer auf das engste beschränkt; sie reicht .zb. nicht aus, sich die – zweifellos grandiose – welt der inkas oder azteken auch nur vorzustellen; sie bleiben unerreichbar – keine forschung vermag dies zu supplementieren; die welt der phänomenologie aber ist die welt des ptolemäus – von der man heute glaubt, tatsächlich: glaubt – sie überwunden, überholt zu haben

– das gerede von der „tabula rasa" (nach aristoteles) hat auch seine ernstzunehmende seite; tatsächlich ist die – übervolle welt – leer, wenn wir sie betreten – sie besteht nur aus existenz; noch nie wurde eine essenz vorgefunden – sie ist immer also neu zu suchen/finden; eben dies meint die gebürtigkeit, die als term das ganze werk eckharts bestimmt – jedem leben ist daher die öffnung ins maßlose, hyperbolische, die hypostase aufgegeben oder zumindest als möglichkeit gegeben – tatsächlich kommen wir, sogleich dann gesättigt von vergangenheit, geschichte, als „kind der zeit", ohne vergangenheit zur welt

– eine der rätselhaftesten persönlichkeiten der geschichte bleibt sabbatai zwi (dessen geschichtliches erbe wir gerhom scholems großem werk verdanken), in dem hunderttausende von juden den messias zu erkennen glaubten und ihre heimat zugunsten der pilgerfahrt zu ihm verließen – im gegensatz zum nazarener jedoch zerbrach die bewegung, obwohl sie viel rascher als jene von tausenden getragen war ... woran also entscheidet sich ein „glaube", eine religionsstiftung, ein messias?

– jeder „halt" setzt haltlosigkeit als eigentliches existenzial voraus – von daher ist die frage nach dem telos des lebens neu zu denken: der existentialen haltlosigkeit entspricht die zerreißung, wie jene des zagreus-dionysos-orfeus; jedes wahre leben läuft auf eine solche zerreißung hin, deren fetzen der kleesche/benjaminsche „engel der geschichte" dann zum himmel zu tragen vermag ...

– rousseau war die notwendigkeit einer „zivilreligion"

bewusst, wie auch robespierre – denn ohne glauben vermögen wir nicht zu leben (vgl. kafkas aphorismen) – nichts bleibt uns als glaube, wollen wir unsere existenz nur im geringsten sichern, wenn dieser glaube zusammenbricht, wie bei lenz, dann auch die welt –

– beethovens musik besteht aus reiner rede – wie auch jene schuberts, schumanns u.a.; d.h. jede phrase muss in sprache zurückübersetzt werden – dies ist die entscheidende aufgabe des „interpreten" …

– schuberts musik füllt jene fugen, die den bau, gehalt eines neuen messianismus zu tragen vermögen; man kann sein werk als eröffnung einer „2. messianischen zeit" (seit 1789) betrachten, hören (welche als solche sogar die gleichzeitig anhebende zeit des nihilismus überdauern würde, indem sie sich ihm entzöge …); sie würde als solche für jahrhunderte gelten, wie die briefe des paulus; schuberts musik ist ein unendliches hineinspielen in sich selbst, jenes als-ob des paulus; getragen ist sie wie jede messianische zeit des als-ob von der melancholie und dem trost zugleich, dem zustand des wartens, wachens …

– die pro-stitution wird gerne das „älteste gewerbe der welt" genannt … was aufgrund der entwicklungen der tauschverhältnisse kaum der fall gewesen sein wird; sie steht jedoch am anfang in dem sinne, dass alles in der welt nur „pro-stitution" sein kann, also gleichsam immer, immer von neuem in anführungszeichen steht … wer oder was aber hält der welt die welt zu? – die art und weise dieses zu-hälters, sein werkzeug, aber ist gewiss die sprache, die ja auch jedes – also transitorische – gesetz bildet; die mathemata sind dabei nichts weiter als die leblose

sprache, auf der sich all dies geschehen abspielt; denn die mathemata sind leer – „60 jahre alt" – dies ist nichts als eine sinnlose zahlenzuschreibung, nur möglich überhaupt in einem gewerbe der „pro-stitutionen"; daher enthält die welt der tiere die mathemata so wenig wie zeit und ort ...

– der physikalischen gravitation entspricht jene der *conditio humana*; zu ihren ersten bedingungen rechnen die morpheme von ort und zeit (geschichte, kultur, religion, gesellschaft), der zeugung (der jeweiligen ödipalen situierung), das begehren (lacan), der wille (kant etc.– nietzsches „willen zur macht"); dieser gravitation ist nur auf dem langen weg der hypostase, des subjektils zu begegnen. in der regel wird sie gar nicht erkannt bzw. als selbstverständlich genommen; sie reicht gleich dem blutkreislauf eines organismus bis in die feinsten systemischen verästelungen (luhmann), sie gleicht auch den endlosen kreisen emersons. der tibetische buddhimus nennt drei triebkräfte, „geistesgifte" des lebensrades des samsara: gier, hass und verblendung (hahn-schlange-schwein). die jeweilige ausformung der gravitation ist auch jenes, was heidegger den seins-zuspruch nennt. da die erde materiell ist, ist die gravitation auch zunächst auf diese gerichtet, daher der wohlstand-reichtum als gleichsam das schwarze loch in ihr – das alles auf sie konzentrieren möchte; schon das leben der kinder zeigt dies – er ist es, der als der fluch, er erscheint – der im zeitalter des nihilismus, der autonomen technik-wissenschaft, zum akzeptierten nomos geworden ist – die bettelorden (franziskus) waren ein letzter reflex des widerstandes gegen diese gravitation ...

hölderlins „kommender gott" könnte nur einer sein, der jener wohltands-prämissenhaftigkeit entgegenweht und die matthäische armut wieder in ihr recht setzt ... bis dahin regieren die „manager" (ein begriff, der in wenigen jahrzehnten eine unvorstellbare karierre gemacht hat) ... die weltverfallenheit und „seinsvergessenheit" (heidegger) ist insbesondere durch den doppelten tod der moderne (tod gottes – dadurch tod des todes selbst) „absolutistischer" geworden, als dies je einem der könige der nach ihnen benannten zeit möglich gewesen wäre
wer aber zieht (initiiert die gravitation)? – wozu?

– wie ist dürrenmatts „winterkrieg in tibet" – dieser entsetzlichste, grauenvollste aller alpträume – zum schriftstellerischen text (also außerhalb der unterhaltungsindustrien, die diese szenarien ja seit jahrzehnten aufs innigste hegen) geworden? – (und dies in der schweiz, dem „reichsten-friedlichsten-geschichtsglücklichsten" land), aufgrund welcher potentialität, denn diese muss ihm vorausgehen – und so auch die möglichkeit, potentialität zur „actualitas" –

– unter den „beweisen" des fortschritts wird gerne – und an erster stelle – jene der medizin, des biologismus genannt, die „ausrottung" der pest, cholera, pocken etc. ... nun aber, nachdem dies alles gelungen ist, schreitet die medizin weiter: zur völligen aufhebung, genetischen transformation des menschen (wells, huxley); zu den darin untergehenden worten wird auch jenes des „geistes" zählen, zählt schon dazu ... sieg des homunculus ...

– man kann insbesondere die musik mendelsohns, aber auch werke beethovens, schuberts, schumanns (z.b. der „4. rheinischen sinfonie") als zeugen, zeugnisse nennen, hören, dass die *epochae* des nihilismus, die zur gleichen zeit beginnt, anhebt, eines tages eine überwindung, transgression finden wird, finden kann, könnte ...

– die welt als ganze wird kaum in die fragen gestellt – so bleibt auch leibniz' frage: „warum gibt es überhaupt seiendes und nicht vielmehr nichts?" ohne echo oder jeden versuch der antwort – wohl auch ohne möglichkeit der antwort –, vielmehr deutet leibniz' frage daraufhin, dass die entscheidenden fragen noch gar nicht gestellt sind, noch gar nicht erfragt werden können ...
was so bleibt, ist nietzsches NU: „wer zu den gründen geht, geht zugrunde." zumindest so lange, als der „kausale trug" (mandelstam) nicht gebrochen werden kann (der buddhismus, der ihn zum „weltgesetz" erhebt, das überwunden werden muss (samsara-nirwana) verfestigt ihn nur ...)

– musik bleibt an die sprache gebunden, nicht umgekehrt. kaspar hauser vermochte nicht zu singen, also auch nicht zu sprechen bzw. umgekehrt; musik, der gesang und der rhythmus als seine ersten manifestationen, sind immer schon das „mehr als es gibt" der sprache – das über, unter, zwischen allem ist ...

– das alter kommt täglich, also unerkennbar – eines tages steht es wie ein schwer erkennbarer gast vor der tür

– eckhart wie thomas v. aquin sagen – in allen ihren werken aufs neue –, dass gott in jedem glied des körpers wohnt (also in einheit mit dem „seelen-körper") – insofern ist er das einzige, was uns halt zu geben vermag – auch dies ließ in der zeit des „todes gottes" die porno-graphia explodieren ...

– zu den banalsten, infantilsten vorstellungen der moderne gehören begriffe wie „selbstfindung", „selbsterkenntnis",

„selbstwerdung" etc. ... niemals wird etwas wie selbsterkenntnis möglich sein – nach welchen prämissen, maßstäben etc. denn – niemals wird etwas wie ein „kennen" des anderen möglich sein – von der siysiphos-farce der selbstfindung lebt aber inzwischen eine ganze industrie – sie lebt „glücklich" davon ...

– das gleißende schwert in bachs partiten für violine – es zerschneidet die nacht – seine einzige stimme ist die ganze welt – ekstase der ganzen welt im jubel der nacht

– „ich bin einfach nicht einverstanden" – konrad bayer kurz vor seinem freitod – letztes wort in carl alois zimmermanns „requiem für einen jungen dichter", einem der ecksteine in der zeitgenössischen musik (1967); uraufführung posthum nach zimmermanns freitod

– der begriff der „heimat" blutet unaufhaltsam aus – noch wird er mühsam geschminkt, aber eine reanimation ist ihm verwehrt wie dem begriff der „gemeinschaft", wie so viele ...

– jeder luxuriöse raum, schon das durchschnittliche „eigenheim", ist eine einzige ablenkung des blickes zu den dingen (die in ihrer reinen exhibition ihre dinghaftigkeit aber bereits verloren haben), der blick also notwendig voyeuristisch ... auf den winzigsten moment beschränkt

– der rausch ist die älteste, erste erscheinung der hypostase – jede kultur kannte ihn – so wurde dionysos – am ende der mythischen welt der griechen – zum bestimmenden gott, dem einzigen, der „überlebte" (im theater, in der kultur des weines etc.)

– das echo von goebbels berliner sportpalast-schreien: „wollt ihr den totalen krieg?" ist nie verhallt – denn seitdem streben alle gesellschaften, disziplinen (technik, wissenschaft, wohlstand) nach dem totalen, das ernst jünger in seiner „totalen mobilmachung" (1928) vorhersagte – im gleichen maße, in dem es dem totalitarismus (nach seiner plumpen erscheinung bei stalin, hitler etc.) gelang, sich zu maskieren, unsichtbar zu machen, ist er selbst ins TOTALE eingezogen

– das bürgertum unterlag von beginn an dem fluch der spaltung; die „doppelte moral" begleitete es von beginn an notwendig, indem es dem wohlstand, dem sein zentrales begehren galt, aus absentheitischen normen („fluchtwinkeln") absichern musste, deren resonanzraum bereits nur die leere sein konnte … man kann auch sagen, dass die ca. 1960 endende epochae des bürgertums eine radikalisierung des platonismus war, bis zu jenem zerreißpunkt, der notwendig in die totalitärität des nihilismus führen musste

– man kann gewisse werke brahms nur mit grauen hören, so schön, „erleuchtet" sie sind, wenn man um die gleichzeitige faktische, längste zeit verborgen gebliebene – ermordung schumanns durch das liebespaar brahms – clara schumanns weiß; man weiß so gut wie nichts über die thanatographien der großen kathedralenerbauer der gotik – vielleicht ist dies gut so …

– nun, wo das bürgertum untergegangen ist, ist zu sehen, dass auch – diese von beginn an ausschließlich janusköpfige *epochae* – ihre schätze hatte; es sind die hausbibliotheken, die bücher, die unter dem aschenregen liegen; sie verdanken sich „unbewusst" dem schlechten gewissen gegenüber der säkularisation, welche das bürgertum ja an die macht gebracht hatte; die denkanstrengungen eines augustinus, thomas v. aquin bis zu kant, dem „überwinder-aufklärer" konnten nicht so einfach ver-/entsorgt werden; die jetztzeit wird, wie es zu befürchten steht, nur noch technische gerät zurücklassen, gräten gleichsam –

– mozarts „zauberflöte" kann – wie schon der titel verheißt – als ur-kunde des modernen esoterismus gelesen werden – sie verlangt von tamino und pamina strengste prüfungen (in denen man bereits alle foucaultschen disziplinar-dispositionen der moderne erkennen kann) – eben diese verlangt auf ihre weise auch die esoterik, supplement und komplice des nihilismus: aufhebung aller denk-anstrengungen, unterwerfung und anerkennung unter die dispositive der längst ins maßlose und immer noch weiter kontaminierend – foucaultschen disziplinargesellschaft

– zu den zeichen, dass der kalte krieg nie ganz aufgehört hat zu sein, oder einfach zu einer westlichen „demokratie"-herrschaft im gefolge von 1776-94 zurückgefunden hat, rechnen die werke tarkowskis und sofia gubaidulinas; sie waren, sind die letzten, die der „globalisierung" d.h. dem siegreichen nihilismus standhielten, -halten, gehalten haben werden – es waren die weiten und tiefen der ehemaligen sowjetunion, in welchen die uralten wegs der seele weitergingen, zu gehen vermochten ...

– die sprache selbst errichtet einen zirkel: sie ermöglicht, konstituiert das denken und verweist es zugleich auf sie zurück, bindet es ein, sie entlässt und umschließt gleichzeitig das trostlos einzig „denk-, sagbare" ...

– vielleicht hat man die figur des teufels zu vorschnell von der bühne geräumt; vgl. schelling ... jeder kann sich plötzlich im „abgrund des bösen" wiederfinden; da, wo die dispositive des denkens erschöpft sind, taucht auch er wieder auf ... deshalb vielleicht im „vaterunser" der theologisch nicht verstehbare satz: „führe uns nicht in versuchung"

– wert-maßstäbe kamen auch in die die geschichte der musik erst mit den börsenwerten ... bis bach – unvernichtbarer monolith der eochae – war jede musik an strenge reglemente gebunden, die ein verunglücken in die reine oberfläche verunmöglichten, verhinderten ... natürlich gibt es auch in gotik, renaissance und barock größere und kleinere werke, doch die grundfundamente jener zeiten verhinderten beliebigkeit und damit den absturz in die reine „individualität", die mit mozart begann; ab da gab, gibt es, gute und schlechte musik; der abstand von ries zu beethoven, von haydn zu vanhall z.b. ist größer, unüberbrückbarer als zwischen allen werken der vor-mozart-zeit ... in den ort der reglemente des kontrapunktes, der fuge etc. schlich, nistete sich langsam der nihilismus ein ...

– es gibt menschen, bei denen man nicht anklopfen, bitten muss – es gibt ebenso solche, bei denen man weiß, dass man nie eintritt finden wird –

– dass der mensch niemals einen status an sich haben kann, hat z.b. sartre in die sentenz gefasst: „der mensch ist das wesen, das ist, was es nicht ist, und nicht ist, was es ist"; der glaube an die „selbstverwirklichung" etc. rechnet zum uferlosen aberglauben der neuzeit; schon die zeit, „vergänglichkeit", hebt diesen status *an sich* in jedem moment auf, ebenso die „gebürtigkeit" meister eckharts; es bleibt nur die hypostase –

– selbst wenn man aus der „welt" herausfällt, bleibt man im netz der worte hängen; schicksal den menschen-seienden („am anfang war das wort") ...

– das leben läuft nicht auf den tod zu, es wird von ihm gestiftet; es ist – wie schon gesagt – thanatographie, nicht „biographie"; auch hier ist der eckstein antigonae: sie erwacht durch das todesurteil kreons – und dessen annahme – zu jenem NU des tatsächlichen ethos (wittgenstein: „das gute ist außerhalb des tatsachenraumes"), welches – in einem augenblick – das ganze leben IST, gewesen sein wird, und das nur durch den tod gestiftet, empfangen, angenommen werden kann

– zu einer geschichte der hypostasen vergleiche auch kleists „kohlhaas" – sie stellt zugleich wie jene nietzsches etc., wie JEDE, die ganze welt zur disposition bzw. zur frage im falle kohlhaas: wenn auch nur ein mensch seine ganze gerechtigkeit einfordern würde, müsste diese welt darüber zugrunde gehen ...

– unmöglich zu glauben – unmöglich nicht zu glauben

– das leben eines 10jährig verstorbenen kindes hat so viel reichtum wie jenes eines greises – es stirbt ebenso erfüllt –

– seit beginn der schrift gibt es auch die klage über das jetzt-seiende; die beschwörung eines besseren früher – nie aber gibt, gab es, bei plato, aristoteles, vergil den wunsch, die hoffnung auf mehr technik – praktischen fortschritt – ikarus stürzte „zu recht" – die todsünde der griechen war die hybris – die in goethes zauberlehrling wiederkehrt – doch selbst bei goethe gab es noch meister, zaubermeister – nun ist die hybris hypostase der alltäglichen welt

– der diskurs der kritik (entscheidung) begann mit den propheten – daher setzt der tanach sie an die zweite stelle – gleich nach der thora – nur die beständige, mitunter fast grausame kritik der propheten ermöglichte das überleben des judaismus –

– das moderne subjekt muss bewusst einsam sein – nach dem tod gottes und der familie muss er seinen „solipsismus" akzeptieren

– immer ist das tor des todes verschlossen, solipsismus, wir aber stehen davor und klopfen, täglich – wie die vögel in ihren käfigen den ganzen tag über von der einen seite des käfigs zur anderen fliegen ...

– beethovens violinsonaten: die geliebte entfliegt dem klavier – wie auf einem bild von chagall ... mitunter meint man das lied, laute eines jungen mädchens zu hören, spiele mit blumen, blütenblättern ... tropfen eines sommerregens ... grazile kindertanzschritte ... pirouetten ...

– aufnahmen mit otto klemperer aus den fünfziger jahren, z.b. der sinfonien beethovens, geben ein ganz anderes klangbild als heutige aufnahmen – man kann das orchester noch als gemeinschaft, kollektiv hören, vernehmen, das sich im spiel zu einem körper zusammenschließt – das noch weiß, was, warum es spielt – denn alle diese musiker hatten eine erfahrung mit dem zweiten weltkrieg und dem ns-regime gemacht, welche auch immer – die erfahrung der dunkelheit, der nacht ermöglichte ihnen das licht wahrhaft zu suchen

– das denken – wie das leben, dem es ja gilt – in einer welt ohne möglichkeit des verstehens, doch ins unbegrenzte geöffnet, mit worten wie zecken versehen, muss – gegen dieses urteil – bis an seine äußersten grenzen, ränder geführt, gedacht werden, da wo es notwendig von neuem anheben muss – am klarsten hat das im 20. jahrhundert das werk artauds vorgeführt

– im laufe eines langen lebens nimmt die gravitation der lüge notwendig immer mehr zu – denn die dinge liegen teilweise unentscheidbar weit zurück – geständnisse, die man nie gemacht, haben sich ins innere verkrochen, dort sich in ihren eigenen nischen eingegraben

– dass die moderne, die explosionen der hochtechnologie und des nihilismus, notwendig in die infantilität, kreatürlichkeit zurückführt, hatte kojeve schon in den 50er jahren konstatiert; das beste banalste beispiel ist der raucherhass in einer welt, in der alles möglich, erlaubt scheint, bleiben der abneigung nur noch die relikte, variationen elementarsten instinkte ...

– zweifellos ist der körper das erste instrument der gravitation, daher die endlosen verfluchungen des fleisches in den religionen, denn es ist vom selben stoff wie die materie, die dinge, zuletzt-zuerst heute: wie das geld

– wieso die tatsächliche unfähigkeit zum mitgefühl der meisten menschen? – sie hält vielleicht minuten an, dann kehrt die monade zu sich zurück ...

– zu den existencialien eines Tieres zählt die „geduld" (auch die demut und die Aufmerksamkeit) – sie verdankt sich der permanenten gleichbleibenden präsenz, die keine ekstasen der zeit kennt, die weder ort noch zeit kennt (und so die transzendenz antizipiert)

– das gesicht klaus michael grübers, des vor einigen jahren verstorbenen bedeutendsten theaterregisseurs des deutschsprachigen theaters – ist eines der so seltenen, durch welches man hindurchgehen kann; die augen als passage ... dies ist nur möglich, wenn diese selbst überall hindurchgegangen sind –

– das rettende des werkes beethovens ist die wiederentdekkung-aufnahme der idee – dies nach der völligen vakanz der zeit mozarts, diesem nullpunkt – es ist bei beethoven die – damals noch neu-gebürtige – idee der freiheit, zugleich die des – unmöglichen – kampfes für eine menschheit der gemeinschaft, die ihren ersten großen, gescheiterten ausdruck in marx fand –

– man kann der welt eigentlich nur mit dem entsetzen kleists über die „grüne brille" begegnen, denn sie ermöglicht kein verstehen – dadurch auch keine „legitimierbare" wohnung ... zuletzt bleibt nicht einmal das sandkorn ... was es heißt, in einer nicht beglaubigbaren welt zu leben, bleibt heute durch die herrschaft der immer mehr reichtum-material-gewinnen-wollenden und noch siegenden – verdeckt –

– die geschichte des schächers am kreuz, dessen schuld mit einem wort aufgelöst wird, weist auf die möglichkeit der vergänglichkeit auch der schuld hin, obwohl diese – die verschuldung den kausalen trug stiftet und – siehe benjamin – den zusammenhang alles schicksals – so findet sich auch diese wieder – diesmal gerettet – am „nullpunkt" wieder –

– es besteht zwischen sade und mozart eine innerste nähe, komplicenschaft – in der registerarie des leporello – in „cosi van tutte" kommt sie ins offene ... die völlige entleerung von in mozarts musik aller ihr vorangehenden musikgeschichte, die nun dem kantschen schema, imperativ hörig scheint, der, entgegen jedem schein eines imperatives, gerade der beliebigkeit sich öffnet

– fiktion ist urteil ... die „erfindung" der fiktion in der neuzeitlichen literatur ist zugleich die unterwerfung unter das mit ihr anhebende urteil des „gestells". die figuren der fiktion verdanken sich ausschließlich der geste des urteils

– wenn du beginnst zu fragen, wirst du nie wieder enden können ...

– das urteil der vergänglichkeit, gesprochen schon vor aller zeit – kommt jetzt ... zu dir. die neuzeit hat es zum doppelten urteil gemacht ... indem es das alter seiner „natürlichen" würde beraubt und ihm jede geltung abgesprochen hat (meister eckhart über die ältere der beiden schwestern des lazarus, martha: „das leben nämlich schenkt die edelste erkenntnis.") früher vermochte das leben wie das licht des tages in ruhiger bewegung die dämmerung des abends zu erlöschen

– warum geht die kindheit unter, zu ende? – alle kinder sind paradies-himmels-boten, das lehrt schon die einfachste phänomenologie; dem gilt ja auch eine der berühmtesten stellen der evangelien ... auch eines der notate benjamins aus den vorarbeiten zu den thesen „die kinder als repräsentanten des paradieses"; dann umklammert sie die gravitation der welt, der jeweiligen JETZT und HIER – nun erheben sich die fragen: bringen sie das böse „unerkannt" mit oder lockt es die „welt" aus ihnen heraus ... adam und eva hatten ihre kindheit offenbar in ihren körpern, seelen bewahrt – levis-strauss berichtet von den bororos ähnliches – jedenfalls ist der fall aus der kindheit, double des sündenfalls, nirgends so maßlos wie in der neuzeit des abendlandes, des untergehenden landes ...

– der unglaubliche erfolg der kriminalfilme, -romane etc. bestätigt ungewollt die erbsünde; immer ist schuld das thema, gegenstand dieser genres, die mit jenem der science fiction korrespondieren, die an die stelle der erlösung getreten ist. freilich ist die schuld nur noch in der figur des voyeurs situiert – als genuss ... es kommt hinzu, dass die benjaminsche unterscheidung zwischen dem „sach- und dem wahrheitsgehalt eines werkes" im falle des kriminalromans in eins zu fallen scheint, als führe der sachgehalt zwingend zum wahrheitsgehalt; vielmehr aber schmilzt er in der hochgekochten hitze der sachen-sachgehalte zum nichts ....

– die schuld ist auch das große thema alexander tismas, einer der nicht wenigen vom stockholmer nobel-komitee schlicht überlesenen autoren. doch ist es bei tisma immer die zeit, die geschichte, die die figuren in die schuld führt, eine schuld, deren masse, gewicht sie nicht abtragen können, aufgrund dieses langen breiten weges, die sie zu ihnen gebracht hat

– der zins, auf dem der ganze kapitalismus fundiert, ist die zur münze gewordene schuld, erb-geld-schuld seit den zeiten von florenz, die nie mehr auf natürliche weise gelöst werden oder vergehen kann. benjamin: „der kapitalismus wird keines natürlichen todes sterben."

– der modernen bildenden (westlichen) kunst seit 1989, die sich wesentlich in die performance-bezirke verschoben hat, mangelt wie der literatur, dem theater das thema, der gegenstand, die notwendigkeit – sie erzeugt hypostasen in nebengassen, die dann für hauptschauplätze verkauft werden, z.b. die werke jeff koons oder schlingensiefs etc.

– eine sentenz wie die des „jahrs des aktiven alters" wirft jenes gerade in das kleinkindalter zurück; als gelte es, erste belehrungen zu geben, die anale phase zu überwinden etc. ... von neuem sieht man den urin rinnen ... sie, diese sentenz, ist nichts als eines der zahllosen dokumente, „selbstbezichtigungen" des nihilismus, für den das alter „wert"-los sein muss

– die goldene seite der vergänglichkeit wird ebenso nicht gesehen: sie reißt alles weg, alle parkbussen, schuldscheine, zuletzt die schuld selbst ... daher die natürliche schönheit aller erhaltenen alten häuser, tempel etc. ... die vergänglichkeit, das vergehen der zeit verklärt alles gewesene, bis es irgendwann in dieser erlischt ...

– jede gesellschaft hält systeme von ordnungen, dispositionen bereit für jene, die neu in sie eintreten ... viele treten fraglos auf sie ein, vielen ist dies allerdings schon durch den zu engen flur ihrer kindheit verwehrt; fast niemand aber befragt die ordnungen, dispositionen daraufhin, ob sie neben ihrem sachgehalt auch einen wahrheitsgehalt haben, der sie betretenswert macht ... der eigene entwurf wird meist vor seinem ergreifen bereits verworfen bzw. die möglichkeit, potentialität eines solchen gar nicht gesehen ... eine bankerkarierre ist leicht planbar, auch eine akademische, doch wird der dafür zu entrichtende zoll meist übersehen (das sicheinfinden in konventionen), der meist mit lebenslangem schuld-zins einhergeht ...

– das lesen billiger unterhaltungsromane zählt zu der freizeitgestaltungen vieler ... es hat mit den ursprüngen der schrift (wie dem schreiber und leser als solchem, vgl. blanchot) nichts zu tun – es lässt einzig die frage aufkommen, wann denn diese geschichte des lesens enstand – auf die cervantes don quichotte noch im augenblick ihres beginns die einzig gültige antwort gibt: sie ist von beginn an begleiterin der säkularisation, des nichts-weges .... sie führt in die bizarren landschaften der unter-haltung, die mit der eigentlichen halt-losigkeit beginnt

– kleists leben und werk war von beginn an projektil, subjektil, hypostase, alkmenes „ach!" – so dass sein letztwort, dass „mir auf erden nicht zu helfen war", der schließung einer fuge gleicht – meist aber erhebt sich die hypostase lautlos, unsehbar, bis sie wie ein pfeil den bis zu seiner grenze angespannten bogen verlässt ...

– beethovens kreutzer-sonate, die lange als unspielbar galt, kann als auch eine große klage gelesen werden (die schwermut schuberts anspielend), sie kündet von der schönheit des versunkenen – ariadnes klage auf den felsen von naxos muss ähnlich geklungen haben ... ihre tränen sind die zupfklänge der geige im zweiten satz ...

– die sonaten für violine und klavier nehmen bei beethoven überhaupt einen besonderen ort seines werkes ein, der viel zu wenig beachtet wird: die violine erlöste ihn, den pianisten und kompositeur von der einsamkeit des klaviers; sie nahm die stellung eines du ein, das, wie levinas sagt, das „subjekt zur geisel" nimmt, das größer ist als jenes ... in der liebe geschieht dasselbe; die in die höhe leitende stimme der violine ist auch die der geliebten, welcher der liebende folgt ... darum ist beethovens nicht monologisches sonatenwerk (klavier) zur violine gewendet ... nirgends bei beethoven gibt es so viele helle momente wie in jenen;

die violoncello-sonaten, kompositorisch nicht weniger bedeutend, ermöglichen dies nicht

– balthus malt jenes niemals festhaltbare NU des erwachens des geschlechts, dieses aufschlagen einer offenen stelle des seins (so wie heidegger auch die kunst bestimmte), das in diesem NU alle ekstasen der zeit, die jene des geschlechts sind ... es ist geheime trans-substantation, das erwachen einer blüte, das erwachen der schönheit, also eines wunders ...

– die industrielle massenproduktion der pornographie vernichtet zuletzt den körper – sie treibt ihn an die grenze der auflösung, nicht feier des fleisches ... als wollte sie unerkannt dem wunsch hamlets folgen: „o schmölze doch dies allzu feste fleisch ..."

– körper und geist sind im abendland – seit platon – schon früh separiert worden; die kirche hat dieses schisma verschärft – seiner überwindung müsste die intellektuelle energie der JETZT-zeit gelten ... bataille hat den eckstein gelegt: transgression des körpers wie des geistes, äußerste verschwendung des körpers wie des geistes; wirklichkeit der uralten identität des wüstlings mit dem einsiedler

– der WILLE („Gottes") als Gegenwillen der Willen (vgl. Nietzsches Rache)

– alte sprachaufnahmen, z.b. eine rede von salis kürzlich im radio aus dem jahre 1963, erinnern an leibniz' monaden – sie scheinen zu niemand und für niemand gesprochen, denn sie sind von leere gerahmt – leer von jedem bezug zu einem davor und danach; sie haben nicht einmal den rang eines dokuments (diese sind der schrift vorbehalten), es sei denn, ihr gesprochenes wäre – wie alle großen werke – durch die zeit unantastbar (etwa celans lesung seiner gedichte, heideggers vorträge); so aber dokumentieren sie nur die hilflosigkeit, winzigkeit des homo sapiens ... was man einzig zu vernehmen glaubt, sind die tropfen der tränen des narziss

– kein wort hat je mehr unheil ausgelöst als jenes des „pursuit of happiness" in der amerikanischen unabhängigkeitserklärung; nie hat eine sentenz solche massen, völker von parasiten an sich gezogen – um sie mit leichtigkeit zu vernichten – nie wude ein wort weltweit mehr angebetet, zahlreicher als jeder gottesname, nie hat sich das verhängnis so in einem wort konvulviert, einer art urknall der nacht der moderne ... jener nacht, in der die letzten hütten, höhlen des franziskus einbrachen

– das alter weht dich an wie der nordost die eiche ...

– schon die linien, die fäden der spinnennetze von 1963 bis 2013, also jene eines halben jahrhunderts, eines tausendstel der abendländischen geschichte, sind nicht mehr rekonstruierbar, auslegbar ... ariadne war nur theseus wegen den weg ins labyrinth gegangen ... was zusammenhänge, folgen, sequenzen schienen, erscheint nun als bloßer, für kurze zeit an diese festgenagelter monadenhaufen, ameisen-reißzwecken-haufen, vergleichbar reißzwecken, die leer und bedeutungsleer an den wänden heften geblieben sind ... dem herbstlaub, der verwitterung anheimgegeben – ohne notwendigkeit, ohne gesetz, reine kontigenz der „sieger", bilder und stimmen sind verblichen, nichts beglaubigbar hermes räumt auf, ab.

– die trinität, ein denkgesetz mehr als ein glaubensgelübde – ein endloser gegenstand und streit des denkens (vgl. ostkirche) – ist jedem sein, seienden inhärent: so vermag man z.b. zu fragen, wie sich das kind, der erwachsene, der alte zu-, ineinander verhalten – offenbar ist ein identisches in ihnen, dessen quidittas aber nur die der *différance* sein kann ...

– es gibt kein klareres bewusstsein, gefühl der freiheit als jenes in handschellen ... der träger dieser apparate ist von allem handeln entbunden, von diesem immerwährendem zwang des tuns, der entscheidung des tuns; nun kann seine freiheit zu ihm treten, kommen, denn gegen das denken vermögen die schellen nichts ... aber sie erlösen ihn von der welt, welcher er nun für eine zeit entzogen ist ...

– wer würde noch wie kant vom wunder des „bestirnten himmels über mir" sprechen – nun wissen wir fast alles über die unzählbaren galaxien etc. – aber es gibt keinen „himmel" mehr ... auch eine der schönsten sentenzen hölderlins ist „krank geworden": „immer aber, liebes gehet die erd und der himmel hält". die kopernikanische, einsteinsche welt ist jene der LYSIS

– vielleicht eigentlicher gründungstext der modernen demokratie ist dostojewskis „großinquisitor" – er liegt jeder zeitgenössischen formatierung zugrunde, die aufgrund ihrer selbst gewählten, begehrten totalität eben nicht mehr als solche erkannt werden kann – jedenfalls nicht von jener mehrheit, auf der sie gründet (was ihr nietzsches verachtung von beginn an eintrug) –

– es gibt zuletzt keine aussagen (über vermeintliche „objekte" etc.) – nur selbstaussagen, selbst-referentielle dokumente, zeugnisse ...

– *merkwürdigkeiten*: – was heißt es, ein, das „leben" zu führen (er-sie führt dieses und jenes ‚leben' ...)? wer führt, ver-führt hier wen? Wer ist der führende – wer der geführte? (lacans ich ist ein anderer) – oft hört man: du sollst-musst dich „hinterfragen" ... was aber ist dieses „hinter" – und was, wer ist hinter jenem „hinter"?

– glenn gould ist immer noch vielleicht der einzige „ausnahmezustand" in der geschichte der musikalischen interpretation, zumindest der zweiten hälfte des 20. jahrhunderts – nur er schlägt einen ton an, vermag dies, als wäre dieser noch nie erklungen – als sei er einzig ihm übergeben worden ... gould gibt sich den noten hin, er interpretiert sie nicht – er kehrt subjekt und objekt um ... diese noten, denen er begegnet, sind ohne jeden kontext, aus der musikgeschichte gelöst, wie gerade aufgefundene goldquarze im rhein ... sie sind ohne urteil gespielt, „reinentsprungenes" ... das wesen wirklicher „inter-pretation" ist die auslieferung, verschwendung ....

– das existenzial in grünewalds kreuzigungsbild ist die dunkelheit, schwärze, nacht ... es ist dies die verfassung der welt ... das licht, das in sie hineinstrahlt, auf den gekreuzigten, die anderen, ist das wunder ... mögliches wunder der welt?

– in assisi und anderen orten der toskana findet man – als postkarte – das bild eines „anonimo del 300" – was auch immer dies heißen soll – mit dem titel: „s. francesco e il lupo di giubbio" (kartentext); es ist nach der karte in der pienza-siena beherbergt. gewiss ist es jedenfalls eines der geschichts-hellsten und von der kunsthistorik vernachlässigten bilder; es zeigt einen wolf, der offenbar soeben herbeigeeilt ist, um franziskus seine hand zu reichen (natürlich würde die konvention sagen: es zeigt franziskus, der pfote eines wolfs die hand reichend); den horizont der begegnung bilden einige männer, wohl freunde oder brüder des franziskus, doch jeder in einem andersfarbigen gewand ... sowie paläste, häuser des damals wohlhabenden giubbio; es scheint, als rufe der wolf dem heiligen zu: endlich bist du gekommen, wir haben auf dich gewartet, tausend jahre, immer ... überall haben wir dich gesucht ... hier bin ich, hier sind wir alle ... unsere freude ist groß ... jetzt sind wir da, wir alle, der tag ist da ... unsere augen sind weit offen, aufgerissen, auf dich, für dich ... wir wollen von dir speisen, mit dir speisen, dich speisen, nur dich –

– nicht in der „natur"– den reservaten des wolfes – also findet diese begegnung statt, sondern in der stadt – die tiere kommen zu den menschen, nicht diese zu jenen, die sie längst vergessen haben – sie kommen, obwohl sie wissen, dass sie hier getötet werden, dass hier nichts als die tötung auf sie wartet – doch der maler stellt das tier, den wolf in das zentrum des bildes – selbst franziskus bleibt am notwendigen rand ... doch: er neigt sich zum tier ...

– natürlich hat das abendland die botschaft des franziskus nicht ernst (bis auf – und doch: wenig-wenige) oder „wahr"-genommen – und doch bleibt sie als möglichkeit der unmöglichkeit der möglichkeit ... sie bleibt in einer ähnlichen weise wie das paulinische „als ob"

– das andere schon genannte große – und ebenso kaum bekannte – gemälde um franziskus ist die „madonna des tramonti" von lorenzetti, fresko der basilica inferiore di st. francesco in assisi, dessen fotokarte das verwesende bild computer-retuschiert wiedergibt; die mitte des freskos nehmen das kind und die mutter ein, deren gesicht, haupt und blick sich zu diesem neigt – doch es ist dieser blick, diese augen, die zunächst zumindest alle aufmerksamkeit auf sich ziehen – dieser aufgerissene, wortlose blick – denn was könnten wir anderes sein?

– beethovens musik ist durchgehend rede – angestoßen, angerufen durch 1789 – wodurch sonst? – in dem 1789 – freilich in bewusster römischer „renaissance" – selbst den beginn der modernen, parlamentarischen, „demokratischen" rede (st. just, danton, robespierre etc.) kennzeichnet: jeder interpretation beethovens kommt es zu, diese rede zu transkribieren – jene rede also, die ihn völlig von mozart, der nichts als ein reich der noten, kinder-wohlklänge kannte, unterscheidet ... der die musik – wie sein leben – der unterhaltung und dem erfolg zu händchen reichte, und gegen den – als notwendig beständigen karriereristen, haydn – als eine art ewiger diener estherhazys – wie firs in chevos „kirschgarten" – unschuldig blieb ...

– dreißig jahre begegnen, umschleichen mich die gleichen nachbarn, menschen, ich sie ... jetzt ist das urteil des alters vollzogen – über lange zeit wird es vollzogen ... dann sind diese gleichen plötzlich nicht mehr da ... aber viele andere sind da ... es gibt keine lücke, selten einen laut des verschwindens ... sie sind jetzt unsichtbar ... niemand sieht, dass sie nicht mehr da sind ... wie auch? ... das nichtseiende sehen wir nicht ... freilich sehen wir aber auch das seiende nicht in seiner eigenen gestalt, seinem „an sich", über welches nietzsche schon spottete, sondern nur in seiner jeweiligen bildform unserer perspektive ...

– gerade in der stimme ist das alter eines menschen hörbar ... nicht nur das individuelle alter, sondern jenes der ZEIT selbst ... dieses ist deswegen so unüberhörbar, weil die tonband-stimmen nicht „recycelt" werden können, während jedes neu erschienene buch auch des ältesten der texte dieses in seinen „neuen leib" einspeist – und so sich der gegenwart zugehörig zu machen vorgibt ...

– wir haben also den strom der zeit gesehen bzw. er uns ... oder ohne uns anzusehen, hat er uns für eine weile mit sich getragen; wir wähnten uns als schwimmende, das wasser teilende, aber es schleppte, wälzte uns nur mit; „subjektivität" der fische ... nichts, was diesem strom entkommen könnte ... manchmal ein leichter schein über den wassern ...
das entzünden ist das verlöschen – *es kommt der tag der frage: war etwas? war da überhaupt etwas?*

ich bin zu spät auf die welt gekommen ... darum seither renne ich ihr hinterher, um atem ringend ... aber ich kann sie nicht erreichen ... nun ist die erschöpfung nahe ...

– was heißt dies, dass dir der glauben verwehrt scheint?

– man kann fragen, ob lorenzettis gemälde: maria/jesus inmitten franziskus links johannes rechts ein triptychon bildet bzw. dessen ikonographie nachempfunden ist oder ein bild der trinität – alles rahmt der gleiche goldene hintergrund, den man als heiligen geist, endlose, niemals erlöschende, stetig gerade geborene, neu-erst-geborene verheißung empfinden muss – doch wo wäre, ist der vater? – es ist johannes, der das buch geradezu ratlos in den händen zu halten scheint ...

– der alkoholiker lebt bereits transitorisch – wie seine gemeinde – hier findet die sünde asyl

– was das christentum verlernt hat, nie angenommen hat (außer den kirchenvätern, großen theologen, mystikern, denen luther dann das ende bereitete – und die ihm folgende zeit ohenhin nicht, wie auch jetzt noch nach diesem nun doppelten jahrhundertealten bruch? – ist das tägliche-stündliche, niemals endende studium der tora, der talmuds, des sohar, das die synagoge ihren rabbinern abverlangte, nie aber die ecclesia ihren pfarrern bzw. eben der neutestamentalischen texte (und ihrer zahllosen apokryphen!) etc. ... nur so – im nicht-studium – konnte eine welt des „fortschritts" erfunden werden, die nur das täglich „neue" kennt ...

– bachs musik ist noch völlig, wie alle musik bis zu ihm, der sprache, dem wort, *gramme*, grammatik anheimgegeben: „und gott sprach"/„am anfang war das wort" – der sprache aller, alles also – deswegen gibt es auch bis zu bach keine schlechte oder gute musik – sie wird vom gemeinsamen, übergeordneten wort rhythmisiert, metriert, die sie zusammenhält, jedes entgleisen verhindert – dann aber kommt mozart und mit ihm die nächte vanhalls, stamitz etc. ... bis sich durch/mit beethoven wieder etwas wie eine epochae (materialstand, würde adorno sagen) bildet, mit der eroica als gründungsdokument

– plötzlich bei chopin findet sich der mensch wieder, ganz alleine, bei schubert noch momente einer gemeinschaft der trauer, daher die langen läufe ganz in die höhe, die leer ist, nicht bachs himmel oder dach gottes ... schuberts musik entfernt sich von der erde, ihr wird schwindlig – mitunter löst sie sich in klagelauten, stottern auf; folgen der aufklärung – das ist ihre wirklichkeit; der schatten, der sich in der folge der aufklärung über alles legt

– lorenzettis drei zeiten: die des johannes am kreuz, die der

geburt, die des franziskus – trinität der zeiten in der einheit des raumes – identität der zeit, ein horizont des ganzen bildes; marias glorie reicht darüber, über den bildrahmen hinaus –
– esoterische broschüren oder solche von glaubensgemeinschaften wie den zeugen jehovas haben mitunter – das sie textlich und graphisch in eines „komponiert" sind – eine unglaubliche suggestion; sie erinnert an die sirenenstimmen des odysseus, die auch die schlange im paradies gehabt haben muss, als sie zu eva sprach – während eva noch nichts von den verlockungen der süßen stimmen wusste, vermochte odysseus sich mit hilfe seiner gefährten, die ihn an den mast banden und seine ohren mit wachs füllten, zu schützen ...

– bekanntlich sagt man, dass ein mädchen, das auch nur eine seite von sades „julie und juliette" zu lesen bekäme, für ihre ganze bisherige moralische „erziehung" verloren sei. der „schock", von dem benjamin als dem wesen eines jeden geschichtlichen ereignisses spricht, ist im ganzen textum des abendlandes nie in einer solchen kugelblitzähnlichen wirkung aufgetreten; sade bricht in einem moment mit zweitausend jahren der tradition und stellt sie auf den kopf. von daher ist es nicht verwunderlich, dass die surrealisten vom „göttlichen marquis" sprachen ...

– schuberts ouvertüre zu rosamunde (d.h. inzwischen editionsgeschichtlich korrigiert zur ouvertüre der verschollenen „zauberharfe") ist vielleicht das einzige seiner werke, das tatsächlich zu etwas wie reiner freude führt, diesem begriff einen sinn, eine klanggestalt gibt; was worten immer versagt ist.
es gibt eine verbindung dieser ouvertüre zum dritten satz der klaviersonate a-dur (die nur sljatoslav richter zu spielen vermochte) ... in beiden entäußert sich auch eine list, die strategie eines fluches, die schubert – neben seiner endlo-

sen klage – sich sehr wohl zu behaupten weiß, wenn er dies will – in rosamunde ist diese listige strategie etwas wie der auszug aus einem städtchen, der auszug einer im grunde streng geführten truppe, division, jetzt aber einer „bruderschaft" – vielleicht sogar, hinaus ins freie, ins offene

– es ist überliefert, wie der alternde david durch das lager mit einem jungen nackten mädchen wieder zu sich fand – ohne sie zu berühren: ähnliches wird ja von gandhi erzählt, der rituell neben nackten jungen mädchen lag, schlief, ohne sie zu berühren oder ihnen eine solche zu gestatten ...

– wie schon antigone sagte, kann die welt-gesellschaft nichts als transitorische gesetze vermitteln: „mein zeus sagte es mir nicht", antwortete sie auf kreons gesetz, den bruder polyneikes der verwesung, den hunden zu überlassen. montaigne, pascal, viele haben das später je von neuem konstatiert – das bedeutet aber, dass die gesellschaft, die zeit, nie ein maß für ein menschenleben darstellen kann und darf; sie fordert vielmehr als einzigen weg jenen der hypostase, transgression (wie ihn auch viele namenlose vollzogen haben, vollziehen ...)

– der abendländische körper ist jener in der beständigen aufhebung, zerreißung ...
so bezahlt es seinen fortschritt – es bezahlt seinen fortschritt mit dem, was es überwinden will – dem gekreuzigten körper –

– tatsächlich ist die schönheit, der glanz eines körpers nie strahlender, eindringender als in den bildern des gekreuzigten von bellini, mantegna, grünewald ...
– platons diotima verherrlicht den körper, um die verherrlichung sogleich zu relativieren ... aber sie stellt nicht in frage, dass das geschlecht die irdische mitte ist

den erotischen film gibt es noch nicht – oshimas „reich der sinne" ist immer noch gleichsam ein kubrikscker monolith – – der sadomasochismus als existenzial – jedenfalls des abendländischen menschen –, er ist da, um seine schuld zu sühnen – wie früher die märtyrer, flagelannten, einsiedler

– die erhitzung der porno- szene ist eine künstliche – sie kommt aus der ortlosigkeit der körper, nach dem tode gottes

– vom nonnen-priester-gelübde über de sade bis zu charlottes roche. „ficken, so viel wie möglich", geht eine unendliche skala, mit halb, viertel-, achtel-, sechzehnteltönen – hin und her –

– was ist das kreuz anderes als eine öffnung des körpers, hin zur umarmung durch die ausgebreiteten arme

– als overbeck nach turin kam, fand er nietzsche nackt tanzend und masturbierend in seinem hotelzimmer

– die flut junger, schöner frauen, die jeden abend in die städte einbricht ...

– alle menschen sind empfindlich, was die korrekte schreibung ihrer namen betrifft – in diesem punkt sind sie ohne kompromisse ... das heißt, dass sie unausgesprochen um die bedeutung des namens wissen, der bekanntlich eine eigene – und die erste, die adamitische – form der sprache darstellt –

– mozart war das erste musikkind des marktes, des messeplatzes ... sein vater führte ihn durch die märkte, fürstenhöfe europas wie früher die bärentänzer, von denen kleist noch berichtet ... dieser triumphzug hat nie geendet – nun füllt er alle fernsehkanäle der erde ...

– die genesis vermag eine ahnung davon zu vermitteln, welche engen grenzen die neuzeitliche entwicklung, instrumentalisierung der sprache dem verstehen, vernehmen setzt. nicht, dass ein mangel an intelligenz oder „bildung" etc. herrschte; aber das wissen um den „gebrauch" der alten sprache, texte ist ungefähr so untergegangen wie jenes der glockengießerei; denn der gebrauch der sprache ist in seinen potenzen unendlich ... mit wittgenstein könnte man auch sagen, die regeln der sprachspiele haben sich so geändert, dass ein „weltgeschichtssprachspiel" nicht mehr möglich ist.

– die figur des schein-riesen tutu in „jim knopf und der lokomotivführer" von michael ende enstpricht einer existentialen erfahrung des alterns, des vergehens ... große, einst entscheidend erscheinende ereignisse sind zum fast-nichts geschrumpft. vielleicht ist tutu nichts geringeres als der schatten des weltgeistes –

– die masturbation, das „hand an sich legen", ist verrufen seit seiner ersten erwähnung, konstatierung überhaupt – bekanntlich hat es nichts mit der onan-perikope des AT zu tun ... verrufen auch daher, da in ihr jedes gewaltmoment fehlt, das der erotik eigen ist ... es bezeichnet stets etwas minderes – das misslingen des aktes der eroberung; daher wird es meist auch auf männer bezogen ... während die masturbation der frau selten zum thema überhaupt wurde; aber es ist dies der moment der selbstberührung der frau, der berührung ihres selbst, welches das weibliche geschlecht– *origen du monde* – ausstellt – und so die ganze welt – und ihr herz – welche stets ja nur phantasmagorisch zu sein vermögen, umklammert –

– leitort, leitwort bei meister eckhart ist die SEELE, ein für ihn und seine zeit so selbstverständlicher begriff wie heute etwa „technik-wissenschaft" etc. (für den inneren menschen, sein SEIN, haben wir keine worte mehr). die SEELE ist mit gott identisch, wie eckhart bereits in der predigt 1 sagt: „so gleich ihm selbst hat er die seele gemacht, dass im himmelreich noch auf erden unter allen herrlichen kreaturen keine ist, die ihm so einzig gleicht, wie einzig des menschen seele ... diese ist ohne bindung an das eigene ich, an zeit und zahl ..."

ein anderer *leit-gedanke* ist jener der hypo-stase der seele (die mit ihrer immerwährenden GEBÜRTIGKEIT einhergeht, welche die ganze zeit in den einzigen augenblick des NU fasst), des „mehr als es gibt" (levinas), des darüberhinaus; sogar hinaus über die engel – diese sind bei e. eine faktische entität; aber „ihnen ist ein ziel gesetzt, darüber können sie nicht hinaus. die seele aber kann wohl darüber hinaus ..."

„komm ins offene, feund!", wird hölderlin später sagen. die anthropologische differenz eckharts zur neuzeit besteht also gerade darin, jede allgemeine STASE, jede „kon-vention", die gesellschaftliche wie jene der *ecclesia*, zu überwinden, zu überschreiten in ein unendliches darüber-hinaus; nietzsche hat dies in seinen begriffen jahrhunderte später neu expliciert, wenn er das Leben als ein „experiment des erkennenden" bezeichnet, im letzten jahrhundert artaud, bataille, simone weil ... alle diese werke kann – und wird – ein normativer-wissenschaftlicher novartis-psychiater unserer tage umstandslos als „psychotische dokumente" lesen können ...

– eckhart preist unaufhörlich die „süßeste seligkeit der seele in gott", doch ein begriff wie „erleuchtung", „illumination" etc. ist ihm völlig fremd, ebenso wie jeder bezug auf das „gesellschaftlich-politische" leben oder die fragen nach gesundheit und krankheit des körpers ...

– der begriff und die textform der predigt hat bei eckhart, der auch beständig auf andere meister, auch „heidnische meister", verweist – und dessen auslegekunst (am verblüffendsten in der deutung der maria-martha-perikope) und extreme lesung und textkenntnis an jene der thora-gelehrten anschließt, ihren höhepunkt gefunden, indem sie nicht auf erbauung zielen, nicht einmal auf trost, sondern auf die unerbittlichkeit des gott-seele-denkens; auch indem sie alle zugleich eine sprachliche komposition darstellen, die den großen kathedralen seiner zeit entspricht, deren erstes wort, welches stets von einem bibelwort in lat. und dt. Sprache ausgehend, auf welches sie nach einem oft fast unendlich großen bogen am schluss wie ein pfeil sein ziel treffend, wieder ankommt – ein weg zugleich von größter dramatik, der kaum erkennbar schon auf die summa der ganzen textes zielt, die stets jenes anfängliche bibelwort in jenes WIR gießt, dem es gilt – die hypostase hin zu einem immer unendlichen fluchtpunkt musste notwendig jenen punkt des (ontologischen, hegelschen) umschlags in die „häresie" erreichen, die zur päpstlichen verdammnisbulle von avignon (1329) gegen 28 sätze eckharts führte, die für die eclessia tatsächlich unannehmbar sein mussten, etwa satz 10: *wir werden völlig in gott umgeformt und in ihn verwandelt; auf gleiche weise, wie im sakrament das brot verwandelt wird in den leib christi; so werde ich in ihn verwandelt, dass er selbst mich hervorbringt als sein SEIN, als eines, nicht nur als gleiches; beim lebendigen gott ist es wahr, dass da kein unterschied besteht.*

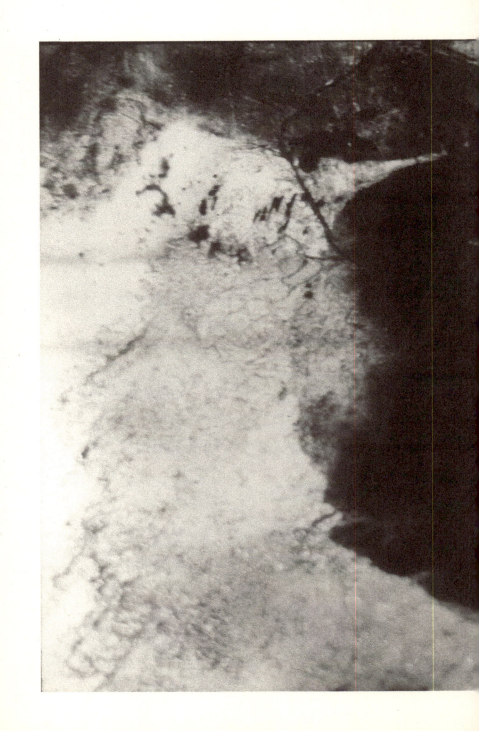

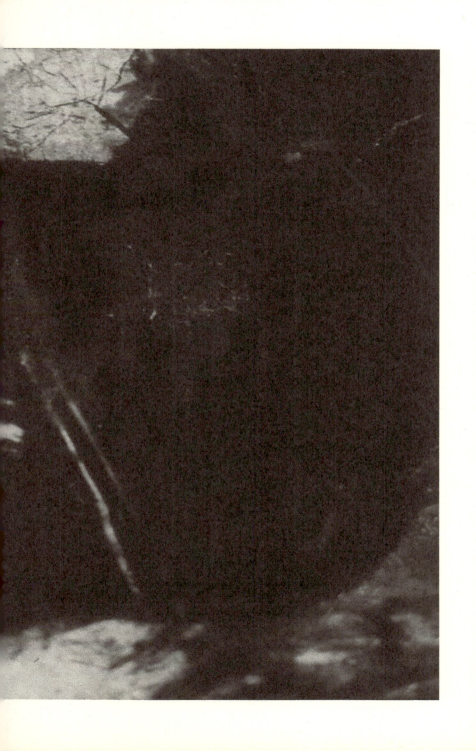

III

Supplemente

I Brief an Carlo Portner, Präsident der kantonalen Kulturkommission Graubünden

Carlo Portner, Präsident der Kantonalen Kulturförderungskommission und der Stiftung Theater Chur, stellte seinen Gastkommentar (18. Sept.), ausgehend von Heiner Geißlers kürzlich erschienenem Buch „Sapere aude! Warum wir eine neue Aufklärung brauchen" unter den Titel des – vorgeblichen – Kant-Wortes „Wage zu denken!" Wer aber würde diesen Aufruf nicht bejahen und für sich selbst reklamieren? – Statt jedoch über den Kantsch'en Kontext dieser drei Worte, ihre geschichtlichen Spur bis heute, die „Zeit der Notlosigkeit als Zeit der höchsten Not" (Heidegger 1954 in Lenzerheide) „aufzuklären", verliert sich Portner schnell im stets gleich eintönig-knarrenden Unterholz kantonaler politischer Querelen.

Es ist jedoch – leider! – nur zu einfach, zu rasch zu erkennen, dass Portner wie auch Geißler (jener deutsche Ex-CDU-Minister, dem es gelungen ist, ohne jeden „Denk-Wert" seinen „Markt-Wert" über Jahrzehnte und zahllose Talkshows erhalten zu haben) die Schrift Kants, „Beantwortung der Frage: Was ist Aufklärung?" – eine Antwort aus der „Berlinischen Monatszeitschrift 4" (30. September 1784) auf eine Fußnote eines heute vergessenen Theologen in der ersten Ausgabe jener Zeitung – welche dieses „Sapere aude!" anführt, nie und nimmer gelesen haben werden, da sie sonst zunächst unzweifelhaft über diesen Spruch selbst, seine Herkunft und Übersetzungsproblematik, gestolpert wären … Kant zitierte dieses „sapere aude!" aus den fast 2000 Jahre alten Episteln (Briefgedichten) des Cäsar-Zeitgenossen Horaz (der sich seinerseits auf den noch einmal dreihundert Jahre älteren Athener Epikur, den „Erfinder" der „eudaimonia" – des „Gut-Lebens", bezieht); man könnte diesen lateinischen Spruch jedoch genauso gut übersetzen: „Sei begierig zu schmecken!" oder „Wolle riechen!" (oder 2012 einfach: „saperre weiter!"); er war schon ein halbes Jahrhundert vor Kants Text zum Wahlspruch der Berliner „Alethophilen", „Der Liebhaber der Wahrheit", erkoren worden, einer Gesellschaft (zu welcher auch J.C. Gottsched, der Verfasser der „Ersten Gründe der gesamten Weltweisheit" zählte) zur Verbreitung der Leibniz'schen und Wolff'schen Philosophie, deren Denk-Arbeit Kant fortführte und radikalisierte; doch das Einzige, was der heutige Kanon des Neo-Analphabetismus aus Kants Werk überhaupt in seine

Sprachformeln-Automatismen übernommen hat, sind eben jene drei Worte – meist immerhin ergänzt durch den einleitenden, von Kant selbst kursiv gesetzten, Satz: „Aufklärung ist der Ausgang des Menschen aus seiner selbstverschuldeten Unmündigkeit" – welcher nur zu einfach nahezulegen scheint, dass insbesondere Kirche und Monarchie – Erblasten des „Finsteren Mittelalters – die „Twin Towers" jener „Unmündigkeit" gewesen wären; nun ist jedoch Kants Schrift – die zu ihrer Zeit selbst bereits in einer hundertjährigen Tradition stand (wenn man das Zeitalter der Aufklärung mit der englischen „glorious revolution" (1688) und dem Werk John Lockes beginnen lässt), zugleich eine verklärende Huldigung an Friedrich den Großen („das Jahrhundert Friedrichs ... jenem Monarchen, den wir verehren ...") und zugleich hat Kant seine Philosophie stets als Dialog, Auseinandersetzung auch mit den Denkern der großen theologischen Tradition von Augustin über Thomas von Aquin bis zu Leibniz „Theodizee" verstanden, mehr: als Rettungsversuch des damals bereits offen (seit Bacon, Shakespeare, Descartes ...) sterbenden, verwesenden Gottes, dessen „Tod" schließlich Nietzsche in Sils-Maria ausrief. Zwar hat Kant, dessen Denkweg vor allem der in Bad Ragaz begraben liegende Schelling fortführte, in seinem „kopernikanischen-Wende-Werk" „Kritik der reinen Vernunft" (1781) auf der Unerkennbarkeit Gottes wie aller Dinge „an sich" bestanden, in seiner „Kritik der praktischen Vernunft" (1788) jedoch an der Unumgehbarkeit des „göttlichen Geheimnis" für Mensch und Welt festgehalten. – Es ist nicht möglich, hier näher auf die komplexe, dunkle Problematik der Aufklärung, die im verhängnisvollen „pursuit of Hapiness" der US-Unabhängigkeitserklärung 1776 und 13 Jahre später in der Bastille ihren politischen „Vollzug" fand und die Adorno/Horkheimer (nach ihren jahrelangen Vorarbeiten u.a. in Flims!) in ihrer „Dialektik der Aufklärung" 1944 so bilanzierten: „Die vollends aufgeklärte Erde strahlt im Zeichen triumphalen Unheils.", ein Unheil, welches Hölderlin schon während seiner Bündner Rhein-Wanderung (1801) in den Begriff der „Götternacht" prägte. G. Orwell („1984") und A. Huxley („Schöne neue Welt") hat Kant, einer der größten, aber auch in vieler Hinsicht schwierigsten Denker (Eichmann berief sich in seinem Jerusalemer Prozess auf Kants tatsächlich verhängnisvollen „Pflicht"-Begriff, welchem Kant das Individuum unterordnete) so gewiss nicht vorgeahnt – aber selbst fataler – und sogar erster – Gläubiger eines sogenannten „Weltbürgertums", hat er dennoch den

Pfad dorthin, seine jetzige, „unsere" epochae, den nihilistischen Neo-Analphabetismus, exakt beschrieben. – Aber vor allem wären Portner, Geißler nicht nur über Kants Text, sondern auch über sich selbst und ihre eigenen Bündner, westeuropäischen „Zeit-Genossen" gestolpert, hätten sie auch nur eine Zeile weiter als dieses „Sapere aude!" gelesen. Denn dort heißt es: „Faulheit und Feigheit sind die Ursachen, warum ein so großer Teil der Menschen, nachdem sie die Natur längst freigesprochen, dennoch gerne zeitlebens unmündig bleiben ... es ist so bequem, unmündig zu sein ... ich habe nicht nötig zu denken, wenn ich nur bezahlen kann ... er (der Bürger) hat sie (die Unmündigkeit) sogar liebgewonnen ... Satzungen und Formeln sind die Fußschellen einer immerwährenden Unmündigkeit ..." – Wie könnte man die heutige Spaß-/Medien-/Internet-/Spektakel-Gesellschaft, die jegliche Intellektualität, Denkarbeit, Tradition, Bildung täglich in „Faulheit und Feigheit" „gerne" massakriert, treffender beschreiben?

Eine Seite weiter definiert Kant, Zeitgenosse Adam Smiths, des „Erfinders" des „totalen Marktes", aber auch Rousseaus („Rousseau hat mich zurückgebracht") – dessen dieses Jahr aus Anlass seines 300. Geburtstages nicht einmal versuchsweise reanimierter Traum vom „Citoyen" und seiner „wirklichen Demokratie" längst zugunsten des kleinen „Bourgeois" erloschen ist – definiert Kant also „Freiheit ... als von seiner Vernunft in allen Stücken öffentlichen Gebrauch zu machen." (von Kant kursiv hervorgehoben). Es ist klar, dass dies die neoanalphabetische Bündner-Einheitspartei (wie ich sie nenne), bestehend aus „Kollegialregierung", Medien, Institutionen, Justiz (und der Kirche am Katzentisch), welche sich täglich an ihre hohlen Monstranzen Wohlstand-Glück-Spaß-Demokratie schmiegen) ganz und gar nicht mag, weshalb sie auch jede öffentliche Diskussion, Gespräch, Dialog nicht nur vermeidet, sondern verweigert: Niemals haben die sogenannten „Kulturkommissionen", „Kulturbeauftragten" oder etwa die Leiterin eines sogenannten „Amtes für Kultur" von Stadt und Kanton, geschweige die „DepartementsvorsteherInnen" Kulturschaffende, Interessierte auch nur zu einem einzigen öffentlichen Gespräch eingeladen: ihre intellektuelle Blöße, Leer-Stelle, träte unweigerlich zutage; umgekehrt haben die wenigen in Graubünden verbliebenen Kulturschaffenden im Gegensatz zu den Mitgliedern der „Einheitspartei" – die dieses Jahr das Vergnügen haben, einem ihrer eigenen Zöglinge, dem streng antijudaistischen, antirabbinischen, antichassidischem G. Netzer für seine theatralisch amateurhaften Plünderungen des Alten Testaments den „Kulturpreis" übergeben zu dürfen – zwar meist kein Geld – sie werden vielmehr vom Kulturamt beim Sozialamt entsorgt – aber genug Feigheit, um nichts zu sagen, denn die Einheitspartei verfügt über ihre (von Foucault schon in den 80er Jahren ausführlich analysierten) „Disziplinierungsmethoden": durch völlige Ignoranz und „Almosenverweigerung" – denn auf Almosenvergabe beschränkt sich die nichtexistierende „Kultur-Politik" bzw. „Kulturförderung" von Stadt und Kanton ohnehin.

In Wahrheit also besteht ein faktisches Denkverbot für alle diejenigen, welche in die „Einheitspartei" der „Erfolgreichen" eintreten wollen – denn es ist unmöglich, auch nur eines der großen Werke der Geistesgeschichte zu lesen, zu studieren – und gleichzeitig weiterhin als „Monstranzenschlepper" der Genannten zu funktionieren ...

(Erstveröffentlichung Bündner Tagblatt, 24.09.2012)

II Theologische Labyrinthe – Brief an Dr. Kirchschläger Bistum Chur

„Es werden Zeichen sichtbar werden an Sonne, Mond und Sternen, und auf der Erde werden de Völker bestürzt und ratlos sein über das Toben und Donnern des Meeres. Die Menschen werden vor Angst vergehen in der Erwartung der Dinge, die über die Erde kommen; denn die Kräfte des Himmels werden erschüttert werden. Dann wird man den Menschensohn mit großer Macht und Herrlichkeit auf einer Wolke kommen sehen. Wenn all das beginnt, dann richtet euch auf, und erhebt eure Häupter, denn eure Erlösung ist nahe." – Das sind die Verse 25-28 des Evangeliums nach Lukas, des Arztes und einzigen Heidenchristen unter den vier Evangelisten, die das katholische Kirchenjahr und zugleich die Adventszeit am kommenden Sonntag eröffnen – wenn man z.B. vom ambrosianischen, in Mailand noch gültigen Ritus absieht, welcher jenes Geschehen schon am 11. November beginnen lässt und am 6. folgenden Sonntag abschließt. P.G. Kirchschläger, neutestamentarischer Wissenschaftler an der Theologischen Hochschule Chur, benennt in seinem Gastkommentar vom 27. 11. diese Lukas-Zeilen, ohne sie freilich zu zitieren, denn sie lassen von der Vorfreude, unter die er seinen Text stellt, eher Düsteres ahnen ... Und sie führen zugleich inmitten der unermesslichen theologischen Labyrinthe, wenn Kirchschläger weiter schreibt: „Lukas nimmt im Evangelium des ersten Adventssonntags Bezug auf die jüdische Tradition, indem er Jesus Christus als den verheißenen ‚Menschensohn' vorstellt. – Er lässt beiseite, dass dieser Begriff, diese Benennung im ganzen jüdischen Tanach, den die Kirche dann in das „Alte Testament" umbenannt hat, nur ein einziges Mal vorkommt, und zwar im Buch Daniel, Kap.7: „ ... Da kam mit den Wolken des Himmels einer der aussah wie ein Menschensohn ... Ihm wurden Herrschaft, Würde, Königtum übergeben ..."; also in jenem Buch, für dessen Theologische Nichtung und theatralische Spektakulärisierung Günter Netzer von einer vollkommen unbelesenen Bündner Regierung und einer sogenannten neoanalphabetischen Kulturkommission gerade mit dem Kulturpreis ausgezeichnet wurde. Im Buch Ezechiel benennt Gott umgekehrt 87 mal den Propheten mit diesem Begriff des Menschensohns; der Nazarener oder ‚Syrer', wie Hölderlin ihn nannte, benennt sich selbst nie so; im Tanach dominiert der Messias-

Begriff oder verwandte Synonyme. Man gelangt hier also unmittelbar in die unendlichen Geheimnisse und Labyrinthe „Gottes", dessen Name den Isrealiten bekanntlich untersagt war auszusprechen, und die theologiegeschichtlich durch Rudolf Bultmann und seine Schüler eine weitere Kehre erfahren haben: „Jesus erwartete einen Anderen" (Bultmann). – Aber es ist nicht diese theologische Simplizität des Artikels Kirchschlägers, die schwermütig stimmt, es ist die damit allerdings verbundene gesamte Situation der Kirchen, deren Agonie unverkennbar ist, indem sie ihr Ursprünge, Urszenen selbst seit Langem vergessen hat: die Solidarität mit den Schwachen, Armen, Kranken – eine Solidarität, deren Leitbegriff die „Gerechtigkeit" war. Im berühmten Magnificat Marias im gleichen Evangelium des Lukas heißt es, und zwar in der tatsächlichen „Adventszeit", als Elisabeth, die Mutter des Täufers, Maria soeben ihre Auserwählung zugesagt hat: „Er zerstreut, die im Herzen voll Hochmut sind/er stürzt die Mächtigen vom Thron und erhöht die Niedrigen/Die Hungernden beschenkt er mit seinen Gaben/und lässt die Reichen leer ausgehen." (1, 51 ff.)

Es erschien in diesem Jahr nur ein Buch in der Schweiz, das von Bedeutung ist: Jean Zieglers „Wir lassen sie verhungern" – tatsächlich sind wir – und gerade die im Luxus ertrinkende Schweiz – nicht nur Zeitgenossen, sondern auch Zeugen und Täter eines neuen weltweiten Genozides, an den Verhungernden in der „3. Welt" wie an jenen, die von dort her an unsere Türen zu pochen suchen ... Kirchschlägers Text aber kennt keine Abgründe, Dunkelheiten, Entsetzlichkeiten politischer, geschichtlicher, kirchlicher Art ... Noch findet man ein paar Verirrte in den deutschsprachigen Kirchen – oder sind es schon Verwirrte? –, die den meist hilflosen, theologisch armseligen Predigten beiwohnen – als habe es nie Predigt-und-Rede-Kathedralen wie jene eines Meister Eckhart gegeben. Wenn die Kirchen nicht zu ihren uralten Stimmen des Mitleids und der Gerechtigkeit zurückfinden, wird der in den letzten Jahrzehnten endgültig explodierte Nihilismus sie als billige Garnierung seiner „Einheitspartei" (bestehend aus Politik, Justiz, Schulen Institutionen, „Kulturschaffenden") gänzlich verzehren ... Dass hierbei – in einem Rettungsversuch – Graubünden eine außergewöhnliche Positionierung zukäme, ist den Protagonisten jener Partei natürlich unbekannt. Denn, so schrieb Franz Rosenzweig, der große jüdische Denker, in seinem „Stern der Erlösung": „Wie wir für Gottes ‚Natur' auf Schelling weisen durften, so können wir für

Gottes ‚Freiheit' den Spuren Nietzsches folgen, des ersten wirklichen Menschen unter den Philosophen, der Gott von Angesicht zu Angesicht sah …" – Schelling und Nietzsche also, die an den Pforten Graubündens, Sils Maria und Bad Ragaz, lebten (Nietzsche) und starben (Schelling) …
(Erstveröffentlichung Bündner Tagblatt 05.12.2011)

III Brief an Siegfried Friedrich

„Über Geschmack lässt sich nicht streiten!" – dieser Imperativ ist längst zu einer der „Leitsätze" der Moderne geworden, ohne als solcher, in seiner gänzlich versteckten Tragweite, überhaupt noch erkannt, wahrgenommen zu werden; es scheint vielmehr, als habe er sich gleichsam in seiner eigenen Selbstverständlichkeit aufgelöst ...

Nun ist er ebenso unbefragter Gegenstand, Thema eines c bl- Beitrages geworden (von Sigi Friedrich, dem bewundernswerten Komponisten und Musikwissenschaftler), der „jedem Menschen von Erziehung" (um eine der Leitsentenzen Schillers zu rekapitulieren) zumindest fragwürdig oder zumindest kommentarwürdig erscheinen müsste, in diesem Falle also dem „Kultur"-Redakteur des BT – wenn er ihn denn (im Gegensatz zu anderen eingegebene Beiträgen) unproblematisiert publiziert, d.h. verantwortet.

Wie stets müsste jedoch auch bei der „Geschmacks-Sache" nach Herkunft und Weg, Geschichte dieses Begriffes gefragt werden, der erst im 18. Jahrhundert bei verschiedenen Autoren erscheint, beginnt, genannt zu werden, wobei z.B. Schiller noch entschieden zwischen „niedrigem und gutem" Geschmack unterscheidet; eine Unterscheidung, die durch Kants 1790 erschienene „Kritik der Urteilskraft" zumindest für den Oberflächen-Leser aufgelöst wurde, indem Kant sie als eine „Form der Urteilskraft" benennt, welche „kein Erkenntnisurteil ist ... sondern ästhetisch, worunter man dasjenige versteht, dessen Bestimmungsgrund nichts anderes als subjektiv sein kann." Allerdings setzt auch Kant eine „Fähigkeit" zum „ästhetischen Urteil" voraus. Es ist unmöglich, hier in die überdichte Komplexität des Kant'schen Werkes einzudringen, eines seiner drei Hauptwerke (in welchem z.B. auch der paradox anmutende Begriff einer „subjektiven Allgemeinheit" eine bedeutende Stellung einnimmt). Doch rechnet die Rezeption dieses durch und seit Kant monstranzenhaft gewordenen Begriffes unter – die natürlich unerkannten „Referenzen" des Nihilismus und Neo-Analphabetismus (welche seit Langem auch die „Referenzen" der Bündner Medien sind ...). Denn diese Berufung. Herbeirufung der „Geschmäcker" setzen nicht nur dem Gespräch, der ideellen Auseinandersetzung, sondern der Sprache selbst eine Grenze, die nur allzu gerne benutzt wird. Die Rezeption der „Kritik der Urteilskraft" zählt so auch zu den nicht wenigen Verhängnissen der Kant'schen Philosophie selbst, indem sie dem Subjekt scheinbar völlige Freiheit des Geschmacks – und worauf wäre dieser nicht anwendbar? – gibt, dieses also absolut setzt, während Kant in seiner „Sittenlehre" das Subjekt gegenteilig völlig in die selbst absolute „Pflicht" einbindet und so das ICH aufhebt (hier setzte die Kritik Kierkegaards, Rosenzweiges u.a. ein, die sie bis zur völligen Verwerfung der Kant'schen Werke führte). Die Geschmacks-Idealisierung ist seit Kant unaufhaltsam mehr und mehr zum Synonym oder einzigen „Gebrauch" der Freiheit des Subjekts geworden: So – dies ist mein Geschmack! Er braucht keine Begründung, Argumentation, er ist so, wie er ist, sein eigenes Sosein; gleichsam die letzte Gabe des sterbenden Gottes, der mich so aus jedem Rechenschafts-Vorgang entlässt ...

Die Herkunft des Wortes fällt also in die Zeit der Säkularisation, die bekanntlich mit dem „Tod Gottes" endete – Die Renaissance hatte den platonischen Begriff der Schönheit wiederbelebt, doch fern jeglicher subjektiver „Empfindung" (die dem Geschmacks-Begriff vorausging, der damals, bis 1600, noch so viel wie „Ausdünstung" bedeutete). Die Steigerung des „Schönen" ins „Erhabene" durch Schiller und Kant, die auch zu einem Leitwort des deutschen Idealismus wurde, des ersten Versuches, Kants „kopernikanische Wende" vom Objekt zum Subjekt zu supplementieren, ist bezeichnenderweise im Siegeszug der Geschmacks-Trivialität, die von allem Denken entbindet, im Zyklon des weltmächtig werdenden Nihilismus und der – den entkahlten Schlachtfeldern des Ersten Weltkrieges gleichenden – Ruinenlandschaft der Ideen längst wieder untergegangen. Man beruft sich auf seinen „Geschmack" – das genügt – den Rest erledigt – die Technik ...

(Antwort auf eine Carte Blanche zum Thema „Geschmack" des Bündner Tagblatts von Siegfried Friedrich, Juli 2013)

IV Brief an Giovanni Netzer

Nie wird die Geschichte „Noahs, des Bewährten", wie ihn die Gelehrten des Talmud und Midrasch nannten (in je ihrem eigenen Namen, denn es gilt, jede Versuchung von Essenzen zu vermeiden …) zu einem Ende kommen, denn nicht nur sie erfordert dieses unendliche Sprechen und kennt kein Ende der Auslegungen: der Name von Noahs erstgeborenen Sohnes Sem, der nach talmudischer Tradition noch Jacob lehrte und Abrahams Knecht Elieser vom Leben in dem „Kasten" (so die eigentliche Bezeichnung der „Arche") erzählte – welches zu dieser Zeit schon einige „Jahrhunderte" zurücklag, denn Sem wurde nach Mose 1, 11 sechshundert Jahre alt – SEM, dieser Name schrieb sich seit dem 18. Jahrhundert von neuem und insbesondere in die Geschichte des letzten Jahrhunderts ein, als Gott im Zeichen eines sogenannten Anti-Semitismus „in seiner dunkelsten Gestalt" die Erde besuchte (E. Levinas) … nie wird sich die Wunde, Blut-Furche, die sein Name zog, riss, über Sem wieder schließen … und so auch nicht jene über „Noah, dem Gerechten" wie ihn die altchristlichen Kirchenväter nannten, nachdem sie den jüdischen Tanach zum „Alten Testament" umbenannt, „neu" geordnet, modifiziert und 350 n. Chr. kanonisiert hatten – unter Bewahrung der 7 noachitischen Gebote …
Sie, Irenäus, Tertllian, Ambrosius, Hieronymus, Augustin waren es auch, die in Anknüpfung an die Petrus-Briefe (vgl. auch Psalm 51, 9, Römer-Korinther-Briefe) der „Sintflut" die hellste Deutung gaben, nämlich jene einer Reinigung, Erneuerung, der TAUFE, dieses ersten christlichen Sakramentes, welches wörtlich „untertauchen" bedeutet und so als „Taufexorzismus" in der Ostkirche auch noch gehandhabt wird – und welches Calvin von neuem als eigentliches „Bundeszeichen" benannte …
Sie begründeten dies mit einer genauen Lesung der Noah-Perikope, insbesondere der Achtzahl der geretteten Noah-Familie und der frühkirchlichen Deutung der Auferstehung Jesu am 8. Tag der Schöpfung … Aber auch die Ikonologie des Geschehens – in welcher der Taube die entscheidende „Gelenkstelle" zukommt, kehrt – durch sie – in der Jesu-Taufe durch Johannes in den Wassern des Jordan wieder …
Jedenfalls führen die Wege zu Noah – und die im lange vorausgehenden Sintflut-Mythen der Sumerer, Babylonier etc. – am ehesten über scheinbar weite Umwege, z.B. die Sabier – Schriften von Har-

ran (1200 v. Chr.) bzw. deren Rezeption durch Gwion von Nennius (8. Jahrh.) und seinen „planetarischen Kanon", in dem Adam-Noah-Abraham z.B. mit den Wochentagen parallelisiert werden: „Sonntag: das erste Zeitalter der Welt reicht von Adam bis Noah ... Montag: das zweite Zeitalter der Welt reicht von Noah bis Abraham. Noas Zeit wurde von der Sintflut eingeleitet. Montag ist der Tag des Wassers ..."
Noahs „Kasten" ist insbesondere auch Thema zahlreicher Auslegungen in den Apokryphen, besonders im 1. Buch Hennoch und dem proto-qumranischen, in der äthiopischen Kirche noch lebendigen „Jubiläenbuch" (ca. 250 v. Chr.); welche sich insbesondere der ganz dunklen Perikope Genesis 1,6 von den „Gottessöhnen und den Riesen" zuwenden – die unmittelbar in die Geschichte Noahs übergeht. Nach dem Jubiläenbuch wurden dieses „Riesengeschlecht der Nephilim 3000 Ellen lang" – und fraßen nicht nur die Tiere, sondern auch die Menschen selbst auf – ihnen galt die Sintflut ...

Dieses Geschehen um Noah, des Kains-Enkels – also, oder vielmehr eine „Zäsur" im 600. Jahr dieses 950 Jahre langen Patriarchenlebens, welches sich Giovanni Netzer (dessen Verdienste um die Wiederbelebung der wunderbaren Burg Riom und Verwandlung in ein Kulturzentrum unbestritten sind!) dieses Jahr zum Gegenstand seiner nun jahrelangen – preisgekrönten – Plünderungen der Texte des jüdischen Tanach genommen hat – diese auf ihre oberflächlichsten Hollywood-Spektakel-Reize hin ausbeutend – ist jedenfalls keineswegs ein apokalyptisches oder eschatologisches (auf welches es freilich Schulbuben-Phantasien-Ängste reduzieren mögen, auf die derzeit in allen Postbussen bereits die plakativ-hilflos-dilettantische Geste des Origen-Werbebildes hindeuten), sondern eher – innerhalb der aufs dichtesten gedrängten, in ihrer Dramatik nicht mehr hypostasierbaren Perikopen der Genesis, des 1. Buches Moses, in der unfassbaren Komprimierung eines „mehr als es gibt" (Levinas) – eines der zahllosen Faltungen – gefolgt fast unmittelbar von den Verwerfungen, Beben um Babel, Sodom und Gomorrha – einer Entfaltung, die als Ganzes OFFENBARUNG genannt wird. Denn noch bevor Gott die „Quellen der großen Urflut" öffnet, sagt er Noah, „der mit Gott lebte": „Mit dir aber will ich einen Bund errichten" – auch können und sollen die geöffneten „Fenster des Himmels" keineswegs das Licht, die Erde, den Himmel und das Wasser selbst aufheben (also die Werke der drei ersten Schöpfungstage ... übrigens ebensowenig wie die Tiere des

Wassers) Nach dieser Erneuerung des Erdenlebens versiegelt Jahwe diesen „ewigen Bund zwischen Gott ... und allem Fleisch, das auf Erden ist" im Bild des Bogens in den Wolken ... und von seinen Söhnen aus ... verzweigten sich alle Völker auf der Erde."

Es bleibt ein „Wunder" besonderer Art, dass kein Bündner Pfarrer, keine Pfarrerin bisher diesen „origen" Verzerrungen, Trivialisierungen des TESTAMENTUM entgegengetreten ist, also die „Theologie in seinen Dienst genommen hat, welche allerdings heute bekanntlich klein und hässlich ist und sich ohnehin nicht blicken lassen darf", wie Walter Benjamin, der große messianische Denker schon 1939 in seinen Thesen „Über den Begriff der Geschichte" konstatiert hatte; die Bündner Kirchenbeamten, deren marginales Studium sich bereits ganz auf die Praxis und das NT konzentrierte, sind wahrscheinlich schon glücklich, wenn irgendwo überhaupt noch der Name „Gott" erwähnt wird (so haben sie auch das tatsächliche Wunder des Lampedusa-Besuche des Papstes verpasst, übersehen, überhört) – und die nächste jüdische Gemeinde ist weit entfernt.

(Unveröffentlicht, von der „Südostschweiz" nicht angenommen)

V Brief an die Südostschweiz, betr. Abstimmung 5. Verschärfung des Asylgesetzes, 09.06.2013

„Hier im Lager hat alles seine Ordnung!"; so die Schlussworte „Basilios", des Herrschers in Pier Paolo Pasolinis letztem Theaterstück „Calderon",1973, zwei Jahre vor seiner Ermordung publiziert, 1978 posthum uraufgeführt, eines der Vermächtnisse also dieses einzigen Vertreters der rätoromanischen Sprachfamilie, der Weltbedeutung erlangt hat und schon in den 60er Jahren jene „anthropologische Mutation" ahnte, erkannte, welche nach 1989 als Nihilismus und Neoanalphabetismus in ganz Westeuropa implodierte – so dass sich die hiesigen „Rätoromanen" wohlweislich hüten, von ihm auch nur Notiz zu nehmen ... Nun aber, nach der Annahme der 5. Verschärfung der Asylgesetzes durch unglaubliche 78 % eines allerdings schon lange auf kaum 40 % regredierten Schweizer „Stimmvolkes", wird dieser „königliche" Ruf bald tagtäglich aus den sogenannten „besonderen Zentren" für „renitente Asylbewerber" bzw. den bereits danach gierenden Medien zu vernehmen sein ...

Dass sich damit die Schweiz, deren Geschichte selbst von Auswanderungswellen heute sogenannter „Wirtschaftsflüchtlinge" skandiert und mitgeschrieben ist, aus dem 1848 in der Bundesverfassung dokumentierten Humanismus, der sie für lange Jahrzehnte zu einem Kanaan vieler Verfolgter Europas machte, selbst exorciert, gestrichen hat (nunmehr zum zweiten Male, nach der nazistischen Zeit), ist offenkundig: sie, eben die Schweiz, eines der reichreichsten Länder, über deren scham-fremden Luxus, wiederum der „Rätoromane" Pasolini das Treffendste gesagt hat: „Es ist klar, dass überflüssige Güter das Leben überflüssig machen ..."

Die „Confederatio Helvetica" reiht sich so nahtlos in die Geschichte der Lager ein, deren moderne Ursprünge, „Idee" in den „campos de contraciones" zu suchen sind, mit der in Kuba die Spanier die Aufstände der kolonialen Bevölkerung niederzuschlagen suchten, bzw. den „concentrationcamps" der Engländer im Burenkrieg, einige Jahre später; fortgesetzt u.a. 1923 von den Sozialdemokraten (!) in Cottbus als „Konzentrationslager für Ausländer", bis zu den Tot-Todes-Schienen nach Auschwitz, Treblinka – jene später ein Echo findend in Ex-Jugolawien, den französischen „salles attendes", schließlich Guantanamo und zahlreichen anderen, teilweise noch verborgenen US-Lagern ...

Im Vorfeld der Abstimmung gab es einige berührende Leserbriefe auch in dieser Zeitung gegen die erneute Schärfung; gewonnen aber hat – wieder einmal – der Brandbeschleuniger Brand; geschwiegen haben alle sogenannten Kulturschaffenden, die sich nicht scheuen, beständig „Grenzen sprengen" zu wollen (Theater Chur, L. Castelli, Klibühni etc.) ...

Giorgio Agamben, gewiss einer der bedeutendsten noch lehrenden Philosophen, in GR und dieser Zeitung noch unbekannter, unbenannter als Pasolini, hat in seinem 2002 in der Reihe „Erbschaft unserer Zeit" des Suhrkamp-Verlages herausgegebenen Werkes: „Homo Sacer – Die Souveränität der Macht und das nackte Leben" – welches mit der These schließt: „Das Lager und nicht der Staat ist das biopolitische Paradigma des Abendlandes" – die Hilfe von Hannah Arendt in Anspruch genommen: „Hannah Arendt hat einmal bemerkt, dass in den Lagern das Prinzip, das die totalitäre Herrschaft trägt und das der gesunde Menschenverstand anzuerkennen sich hartnäckig weigert, voll ans Licht kommt, nämlich das Prinzip, dass ‚alles möglich ist'."

Fragment eines Nach-Rufs an den Vater

am abend seiner sterbenacht – als er mit dem tod schon rang, ohne dass ich etwas wusste oder auch nur ahnte (bis mir am nächsten tag mein bruder von diesen entsetzlichen stunden berichtete, die mich dennoch zugleich an das ringen jacobs mit dem Engel erinnerten) –, ohne also etwas auch nur zu ahnen, denn wir hatten noch zwei abende zuvor das allwöchentliche telefongespräch geführt, wie immer mit vielen humoresken, inbesondere über unsere jeweiligen lieblings-fußballclubs, auf seiner seite der FC Nürnberg, auf meiner Schalke 04, zwei clubs also, die nur eines einte: dass ihre beste, legendäre zeit lange zurücklag, vor dem großen krieg, also zur jugendzeit des vaters, als diese beiden „elf freunde" gemeinsam den deutschen fußball dominierten; fußballspäße also, an die sich die immer wiederholten scherze über den endlich fälligen lottogewinn anschlossen – an diesem abend also, zwei abende nach dem nun letzten hören seiner stimme – stieß ich auf ein foto, das mich seltsam „mehr als es gibt" berührte; es zeigte eine art lichter-kerzenmeer, das jedoch so groß war, als fülle es eine ganze stadt, ein zweites „mehr als es gibt", gleichsam auf seine weise das endliche neue jerusalem des jüngers auf patmos; dann erst las ich den schockierenden bildtext: „ein geschmückter friedhof zu allerseelen in auschwitz"; da erst sah ich, dass im vordergrund des bildes ein mädchen stand, das gesicht den vor ihr liegenden gräbern zugewandt, auf welchen nun auch die polnischen schriftzeichen zu ahnen waren; im hintergrund des unermeslichen lichter-labyrinths drei rätselhaft kahle bäume; die kleidung des mädchens, langer rock und wohl eine warme weste, war in ihren farben fast eins mit den lichtern, auf welche sie blickte ... oder war sie ein engel? – jener

„engel der geschichte" walter benjamins, der nun, nachdem sich der „sturm dessen was wir fortschritt nennen", endlich befriedet hat, sich schützend über die welt zu beugen vermag ...

denn der vater starb in einer seltsam bedeutungsvollen stunde, in der dritten stunde des 2. november, jenem einem tryptychon gleichenden dreifachen kreuzungs-ort von reformationstag, allerheiligen und allerseelen –
denn liturgisch gedacht endet der tag immer erst mit sonnenaufgang, so dass das sterben des vaters noch an jenem tag begann, an welchem der ihm teure martin luther vor beinahe 500 jahren seine 95 thesen an die kirchentür zu wittenberg genagelt hatte (und der ja in den „neuen bundesländern" noch immer gesetzlicher feiertag ist), welcher tag wiederum von „halloween" abgeschlossen wird, was eigentlich wörtlich den abend vor all-heiligen meint, jenes ursprünglich christ-katholische fest, jetzt völlig umgekehrt zu einem der zahlreichen einfallstore des nihilismus, spaßes, der maskerade gemacht ...
in jener nacht also, die zugleich einen sanften übergang vom „omnium sanctorum", jenes christlichen festes, an dem ALLER heiligen gedacht wird, von stephanus, dem ersten märtyrer, über petrus, paulus, maria magdalena, ungezählte, die kein kalender zu fassen vermag und darunter natürlich auch der heilige augustinus, der namensgeber des heimes, in welchem der vater seine letzten jahre verbracht hat; jenem allerheiligen tag aber auch, der auch solcher, die nicht heiliggesprochen wurden gilt – sowie der „vielen heiligen, um deren heiligkeit niemand weiß" – wie das kirchliche lexikon eigens hervorhebt –
hin zu jenem tag überfließend, dem tag der allerseelen – in commemoratione omnium fidelium defunctorum, von luther auch ewigkeitssonntag genannt, dem eingedenken all

jener seelen und leiden geltend, die die volle gemeinschaft mit gott, die erlösung noch nicht erlangt haben, die im purgatorium, dem fegefeuer verharren – jedoch in gewisser erwartung ihre aufstieges in das paradies, wie dies vergil, der führer, dante in seiner divina commedia zeigt –
also hin zu jenem ort, dem paradies, dessen unendliche heilige lichtfeuer wiederum in einer „mystischen" verbindung stehen zu jenem lichtermeer von auschwitz, denn das italienisch-lateinische „holocausto", das in der „göttlichen komödie" das brennend leuchtende feuer des paradieses benennt, ist zugleich jenes, das aus dem hebräischen übersetzt wird als „vollkommen verbrennendes opfer" – sich an den ort der hebräischen SHOA geschoben hat, in beiden fällen aber die geschichtliche stätte jener feueröfen bezeichnend, die immer von neuem zu brennen drohen … die niemals wieder erlöschen können; der vater war ihr zeuge gewesen, nicht jener von auschwitz, doch jener des lagers treblinka, nordöstlich von warschau, wo nicht weniger als eine million menschen ermordet, verbrannt wurden, und an welchem die bahnlinie von der front an der krim nach hause, freiburg, vorbeiführte; er erwähnte dies einmal qualvoll, ohne mehr davon sprechen zu vermögen … denn sein leben fiel in eben jene unikate zeit, als „gott die erde in seiner dunklen gestalt besuchte", wie es in einem jüdischen talmudkommentar heißt, jener zeit auch, von der marguerite duras, die große, vor wenigen jahren verstorbene französische schriftstellerin in ihrem buch „der schmerz", der zuerst jenem um ihren damaligen geliebten, robert antelme, überlebender von buchenwald galt – sagte, rief, dass es „aller völker" bedürfte, um das geschehene zu verstehen, überstehen …

in dieser nacht also ging jenes, was man „irdisches leben" nennt, das irdische leben des vaters zu ende und er betrat

jenes land, von welchem wir nichts wissen, wohl nicht einmal erahnen können – welches uns vielmehr wieder zurückschleudert – in die unwissenheit, hilflosigkeit, uns peinlich ewiger unmündigkeit überführend, gleich einem kinde, das wie es das rückgrat für den körper vermag, am wort hängt, denn: „am anfang war das wort", wie es zu beginn des johannesevangelium heißt, jenem leuchtendsten, hellsten, heilig brennendsten aller evangelien, am anfang von allem, also auch dessen, was wir körper oder materie nennen, jenem, was die gläubigen die „offenbarung", also die weltgeschichte als solche des heils heißen, welches als buch, der offenbarung johannes das neue evangelium abschließt, in jenen unvorstellbaren schrecklichen zorn-feuerexpolsionen und dem endlichen licht des neuen, ewigen tempels, auf welchen jenes foto von auschwitz deutete …
jenem wort aber auch, das uns als „logos" umzäunt, grenzt, von dem wittgenstein sagte: „die grenzen unserer welt sind die unserer sprache"; und weiter: „wir können logisch ‚falsch' denken, aber nicht unlogisch" – so wissen wir, dass wir von, in, aus der sprache leben, doch schon vom tier, das nicht von weniger SEIN erfüllte, übererfüllte, wissen wir nichts wie auch nicht von jenen zeiten vor unseren, die wir zwanghaft als die „fortgeschrittenste" wähnen – nie wird das SEIN sich mindern oder erhöhen – nicht also vermögen wir dorthin zu, in jenes land „ohne antwort" (levinas) zu ragen, in keiner ek-sistenz, nicht einmal ek-stase, in jenes land also, welches die größten werke aller religionen, kulturen malen, schildern – es sei hier neben der bibel nur das tibetanische und ägyptische totenbuch erwähnt, über jahrhunderte, jahrtausende entstandene werke in beständig verfeinerten schichten, doch jeweils ein sehr anderes land, bild darstellend – in dem der vater nun wohnt, vielleicht DA seinen ort, „platz" einnimmt, vielleicht auch ruht, schläft, sinniert – oder tanzt –

aber jeder tod eines nahen menschen, und natürlich insbesondere eines „blutsverwandten" menschen – denn „blut ist ein ganz besonderer saft" –
wie goethe seinen faust – welcher ebenso „natürlich" zur ur- und grundlektüre des vaters gehörte, der die dichtung noch liebte, damals, als sie noch dichtung genannt wurde, und deren Vermittlung, lesung er sein lebenswerk widmete – jeder so gehende lässt uns verwirrt zurück, verwirrt ob unserer vakanzen, leere des wissens, angst, furcht – unserer, armseligkeit, die wir auf diesem seltsamen „planeten" leben, welche ja selbst nicht anders heißen als: die „umherschweifenden" ...

noch anderes seltsames geschah: als mich meine schwester morgens gegen 10.30 uhr telefonisch benachrichtigte (nachdem sie es zu früherer stunde schon versucht hatte), hörte ich gerade im radio eine sendung, den sogenannten „hörpunkt" des schweizer radios, der sich stets am zweiten eine monats über den ganzen tag hinweg einem thema widmet, das diesmal den titel trug: „der körper – das sichtbare ICH", gerade schilderte eine reportage aus einem anatomiesaal die öffnung des körpers eines alten mannes ... ich war zornig, nicht wegen dieses eindrücklichen berichts, sondern des unmöglichen thema-titels wegen, das sich unentwirrbar in den schlingen der sprache verfangen hat – so wie wir es heute täglich ertragen müssen

– es war der vater selbst, der jenen spruch auswählte, der auf der trauerkarte den anderen worten vorangeht: „ich aber bin gewiss zu schauen die güte des herrn im land der lebenden", aus dem psalm 27, dem wie vielen Psalmen ausdrücklich voransteht: „von david", einem jener hymnen-klagen also, die rein judaistisch sind und die sich die christliche ekklesia, kirche dennoch auch als altes testament zu eigen gemacht hat. wir kämen hier in schwierige theologische fragen, die er, der vater und ich, oft diskutiert haben, ohne ende nun – aber wie wäre ein ende in diesen fragen überhaupt denkbar ...

ich hätte darauf gewettet, dass er hundert jahre alt würde – nichts wies auf seinen tod hin, denn sein geist, gedächtnis waren auch nach 92 jahren völlig unangetastet – sein vorletzter text über tiecks „taugenichts" ist sicher einer seiner schönsten, mit leichter, stilsicherer hand geschrieben. vom namenlosen taugenichts der tieckschen novelle, der nur mit seiner geige bewaffnet sich durch das leben hin zu der geliebten träumt, schreibt er: „es gibt in der deutschen literatur keinen text und keine figur, die die Romantik besser verkörpern könnten" und fügt von thomas mann den satz bei: „wahrhaftig der deutsche mensch" – und zieht daraus selbst den umkehrschluss: der deutsche mensch ist ein romantiker; eine wende zur romanik und zum „nationellen", um es in der sprache hölderlins zu sagen, die – zu meiner überraschung– sein letztes jahr nach dem tod seiner geliebten frau und sechs gemeinsam verbrachten jahzehnten – bestimmt hat, und auf welches wir zurückzukommen haben.

nun in einigen splittern zur biographie des vaters, die ja auch immer „thanatographie" ist: – er kam am 21. juli 1920 in schopfheim auf die welt, jener kleinen stadt am fluss der „wiese", welcher der dichter des nachbarortes steinen, johann peter hebel, in seinen allemannischen gedichten – dessen unvergänglichstes gerade jenes von der „vergänglichkeit" ist – auch einen dichterischen ort geschaffen hat und damit auch schopfheim, dessen namen – so flapsig-banal er auf den ersten moment erscheinen mag, doch zu vielfältigen spielereien, spekulationen

verführen mag, als dem ort, heim, wo man jemand beim schopfe packt, so wie man jeden neugeborenen am schopf aus dem mutterbauch birgt – welchen man aber auch heim des schopfes, kopfes nennen vermöchte, jenem ort jedenfalls, in welchem auch wir drei geschwister beim schopfe gepackt wurden ...
seine eltern, dr. theodor frank und frieda rösch, nannten ihn gerhard august berthold frank, ein fast glänzendes tryptichon der namen ... gerhard meint den kühnen oder auch harten speerwerfer ... und so war vaters entscheidung, den namen auf gerd zu verkürzen, gewiss bewusst entschieden, um eben dieses „hart" zu vermeiden, zu streichen; augustus ist der name des großen römischen kaisers (so wie auch gerds geburtsmonat juli nach einem römischen kaiser, dem berühmtesten von allen: julius cäsar benannt ist) – berthold schließlich nennt den glänzend-waltenden was gäbe es darüber hinaus? diesen dritten namen gab er seinem ersten sohn weiter, den namen seines vaters theodor in seiner weiblichen form als dorothea-gottesgabe meiner schwester, mir selbst den namen wolfram, nach dem dichter aus eschenbach, dem dichter des „parzival" und „titurel", ein name, den ich liebe, denn er bedeutet, meint jenen, der „mit den wölfen aus der fremde kommt" –
(„fram" ist althochdeutsch für fremde; und es so wurde es ja auch der name des berühmten schiffes nansens, mit dem er den nordpol zu entdecken suchte ...)
1934 zog die familie, die glücklicherweise völlig immun war gegen die pest der NSDAP, aber dennoch dem beginnenden dunkel nicht entrinnen konnte, in die alte universitätsstadt freiburg, dort machte der vater sein glänzendes abitur, so wie ein jahrzehnt später sein glänzendes doktorat; er begann sogleich zu studieren, germanistik, geschichte bei gerhard georg ritter, dem berühmten, 1967 in freiburg verstorbenen historiker, der 1944 zum eingeweih-

ten-kreis der verschwörer des 20. juli gehörte und dessen freund carl friedrich zu den sogleich hingerichteten zählte, der für vater immer eine art leitfigur blieb –
im nebenfach philosophie – und so kam er auch zu einem pesönlichen gespräch mit heidegger, der später, bis heute für mich so bedeutsam wurde, denn heidegger verlangte jeden studenten, der an seinenen seminar teilnehmen wollte, persönlich kennenzulernen, insbesondere um sich gegen die seuchenträger des „führers" abzusichern, von welchen er sich schon nach seinem ja ebenfalls kurzen rektorat 1933 distanziert hatte

----

dann begann „die dunkelheit sich über das ganze land auszudehnen" (matthäus-evangelium); gerd wurde an die krimfront beordert, befohlen; wie ich schon sagte, sprach er nicht gerne über jene traumatischen, entsetzlichen jahre, doch erwähnte er mehrere male jenes wundersame factum, wie er dreimal dem nahesten tode entkam, zweimal, als er mit einer verletzung im spital lag, explodierte je jener panzer, in welchem er als funker diente; einmal, gegen ende, schon auf der flucht, verfehlte ihn ein partisan in den polnisch-tschechischen winterwäldern aus kurzer entfernung ...
über prag gelang ihm mit einigen kameraden die flucht, die just in bayreuth, im festspielhaus endete, wo er einige zeit als amerikanischer kriegsgefangener hausdienst zu verrichten hatte; dann endlich die rückkehr nach freiburg, an die universität – wo er bald eva, geborene kratt, deren vorfahren, so wies es das obligatorische heil-hitlerahnenbüchlein aus, 1689 aus malix-GR-schweiz nach süddeutschland ausgewandert waren, eben jenem malix, in dessen unmittelbare nachbarschaft mich mein „daimon"

– griechisch oder römisch „genius der geburtusgott" verschlug, so den unerfüllten traum der großmutter, ihren mythos lebend ... wo er also bald die latein-kommilitonin eva kennenlernte, tochter der anna, geborene schweitzer, und des militärarchitekten friedrich kratt; es erblühte eine leidenschaftliche, lebenslange liebe; 1951 heirateten sie, wechselten wieder nach schopfheim, wo der vater seine studienassessors-stelle antrat, rasch zum studien-oberstudienrat befördert und 1961 in das so ausnahmeartig geschichts- und geistesgeschichtsreiche heidelberg – alle waren sie ja hier gewesen, von erasmus über goethe, die romantiker, hölderlin bis zu jaspers und all den jetzigen – an die dortige, eben neu gegründete ph berufen wurde, welche ihm bald den professoren-titel verlieh und welcher er treu blieb, für die und deren studenten er sich verschwendete ... bis über seine pensionierung hinaus ...

und des vaters wesen-charakter-persönlichkeit? – alles verlegene begriffe, worte, die nie das eigentlichste eines menschen zu fassen vermögen – doch gab es gewiss etwas, was auf sein ganzes leben strahlte, es durchstrahlte, die sorge – also gerade jenes, was auch heidegger in die mitte seiner daseins-analytik gestellt hatte, sorge für uns, die kinder, die familie, die gattin, aber auch die schüler, studenten, die er, leidenschaftlicher pädagoge auch, in die geheimnisse des lesens, der hermeneutik zu führen versuchte – zweifellos gehört zur sorge auch der wille und die pflicht, im sinne der sittenlehre kants – und als ihr fundament gleichsam – in der terminologie kants: ihrer praktischen vernunft – die „religio"... – zum kreis, den die sorge zieht, zählt aber auch die freundlichkeit, höflichkeit jedermann, jederfrau gegenüber, die stets in seinen augen leuchtete – und um welche ich ihn, kind eben nicht nur von

ihm, sondern auch zeitkind einer sogenannten 68-er-revolte, beneidete, beneide ... so wie er seinerseits gewiss auch zeitkind gewesen war, eines – zu seiner zeit erlöschenden, sterbenden – bürgertums – jener noch an goethe-schiller orientierten epochae, welche sich auf den humanismus berief, im verzweifelten versuch, glauben-gott-chistus und das nach-aufklärerische, immer industrieller werdende gewerbe-handeln miteinander zu versöhnen ...
– werte nicht nur materiell verstehend, sondern eben humanistisch-sittliche ernst nehmend, auch als nationelle zu verantwortende, gleichsam dem traumruf schillers-beethovens „alle menschen werden brüder" folgend, dessen verhallens, scheiterns wir heute zeuge sein müssen ...

(September 2012)

DANK:
Kanton Graubünden;
Dr. Robert Hunger, Chur;
Linard und Sana Bardill, Claudia Knapp,
Claudia Knapp, Beat Koch, Florio Püenter

Impressum

© *konkursbuch* Verlag Claudia Gehrke 2014
PF 1621, D – 72006 Tübingen
Telefon: 0049 (0) 7071 66551 und 0049 (0) 172 7233958
Fax: 0049 (0) 7071 63539
www.konkursbuch.com
E-Mail: office@konkursbuch.com

ISBN: 978-3-88769-940-6